AF260239

PREMIER CAHIER

LOGARITHMES COMMERCI[AUX]

ou

TABLES DE COMPARAISON

Pour diverses Marchandises des principaux pays de commerce, basées [sur]
et les changes à tous les taux raisonnables

FAISANT PARTIE DE LA 2ᵉ ÉDITION DU *MANUEL COMMERCIAL*, REVUE ET AUGMENTÉE

PAR

F. FAVRE

Le Manuel Commercial et ce premier Cahier de Logarithmes ne se vendront pas séparément

PRIX ENSEMBLE 1 FR 50

Nous publierons, vers la fin de l'année, un 2ᵉ Cahier de *Logarithmes Commerciaux* contenant le Complément des Tables
et des Tables pour les Graines oléagineuses, les Soufres, les Sons, les Laines, les Cotons, [...]
les Cafés et autres Articles.

AIX-EN-PROVENCE

TYPOGRAPHIE ET LITHOGRAPHIE ARNAUD ET Cᵉ, IMPRIMEURS DU COMMERCE
RUE [...]

LOGARITHMES COMMERCIAUX

OU

TABLES DE COMPARAISON

Pour diverses Marchandises des principaux pays de commerce, basées sur les prix
et les changes à tous les taux raisonnables.

COLLECTION

FAISANT SUITE AU MANUEL LAVELLO.

1859

Marseille.—Typ. et Lith. Arnaud et C., Cannebière, 10.

TABLES DE COMPARAISON.

Le but de ces Tables est de trouver le prix de revient, *tout fait*, d'une marchandise, entre deux pays n'ayant ni le même système monétaire, ni le même système de poids et mesures.

Pour trouver un *prix de revient* à tel prix originaire et à tel change donnés, il faut croiser la colonne verticale du change avec la ligne horizontale du prix originaire de la première colonne, comme dans les tables de Pythagore. — Le chiffre se trouvant au point d'intersection sera le prix demandé.

CHANGES

Roubles assign. le cetwert.	110	111	112	113	114	115	116	117	118	119	120	121	122	123	124	125
	francs l'hectolitre.	francs l'hectolitre.	francs l'hectolitre.	francs l'hectolitre.	francs l'hectolitre.	francs l'hectolitre.	francs l'hectolitre.	francs l'hectolitre.	francs l'hectolitre.	francs l'hectolitre.	francs l'hectolitre.	francs l'hectolitre.	francs l'hectolitre.	francs l'hectolitre.	francs l'hectolitre.	francs l'hectolitre.
10	5.22	5.27	5.32	5.35	5.41	5.46	5.51	5.55	5.60	5.65	5.70	5.74	5.79	5.84	5.89	5.93
11	5.74	5.79	5.85	5.89	5.95	6 »	6.06	6.11	6.16	6.21	6.27	6.32	6.37	6.42	6.47	6.53
12	6.27	6.32	6.38	6.42	6.49	6.55	6.61	6.66	6.72	6.78	6.84	6.89	6.95	7.01	7.06	7.12
13	6.79	6.85	6.91	6.96	7.03	7.10	7.16	7.22	7.28	7.34	7.41	7.47	7.53	7.59	7.65	7.71
14	7.31	7.38	7.44	7.49	7.58	7.64	7.71	7.77	7.84	7.91	7.98	8.04	8.11	8.17	8.24	8.31
15	7.83	7.90	7.98	8.03	8.12	8.19	8.26	8.33	8.40	8.47	8.55	8.61	8.69	8.76	8.83	8.90
16	8.36	8.43	8.51	8.57	8.66	8.73	8.81	8.89	8.96	9.04	9.12	9.19	9.27	9.34	9.42	9.49
17	8.88	8.96	9.04	9.10	9.20	9.28	9.36	9.44	9.52	9.60	9.69	9.76	9.85	9.93	10.01	10.09
18	9.40	9.48	9.57	9.64	9.74	9.83	9.91	10 »	10.08	10.17	10.26	10.34	10.43	10.54	10.60	10.68
19	9.92	10.01	10.10	10.17	10.28	10.37	10.46	10.55	10.64	10.73	10.83	10.91	11.01	11.09	11.19	11.28
20	10.45	10.54	10.64	10.71	10.83	10.92	11.02	11.11	11.21	11.30	11.40	11.49	11.59	11.68	11.78	11.87
21	10.97	11.07	11.17	11.24	11.37	11.47	11.57	11.66	11.77	11.86	11.97	12.06	12.16	12.26	12.36	12.46
22	11.49	11.59	11.70	11.78	11.91	12.01	12.12	12.22	12.33	12.43	12.54	12.64	12.74	12.85	12.95	13.06
23	12.01	12.12	12.23	12.32	12.45	12.56	12.67	12.78	12.89	12.99	13.11	13.21	13.32	13.43	13.54	13.65
24	12.54	12.65	12.76	12.85	12.99	13.10	13.22	13.33	13.45	13.56	13.68	13.79	13.90	14.02	14.13	14.24
25	13.06	13.18	13.30	13.39	13.53	13.65	13.77	13.89	14.01	14.13	14.25	14.36	14.48	14.60	14.72	14.84
26	13.58	13.70	13.83	13.92	14.07	14.20	14.32	14.44	14.57	14.69	14.82	14.94	15.06	15.18	15.31	15.43
27	14.10	14.23	14.36	14.46	14.62	14.74	14.87	15 »	15.13	15.26	15.39	15.51	15.64	15.77	15.90	16.02
28	14.63	14.76	14.89	14.99	15.16	15.29	15.42	15.56	15.69	15.82	15.96	16.09	16.22	16.35	16.49	16.62
29	15.15	15.28	15.42	15.53	15.70	15.83	15.97	16.11	16.25	16.39	16.53	16.66	16.80	16.94	17.08	17.21
30	15.67	15.81	15.96	16.07	16.24	16.38	16.53	16.67	16.81	16.95	17.10	17.24	17.38	17.52	17.67	17.81
31	16.19	16.34	16.49	16.60	16.78	16.93	17.08	17.22	17.37	17.52	17.67	17.81	17.96	18.11	18.25	18.40
32	16.72	16.87	17.02	17.14	17.32	17.47	17.63	17.78	17.93	18.08	18.24	18.38	18.54	18.69	18.84	18.99
33	17.24	17.39	17.55	17.67	17.86	18.02	18.18	18.33	18.49	18.65	18.81	18.96	19.12	19.27	19.43	19.59
34	17.76	17.92	18.08	18.21	18.41	18.57	18.73	18.89	19.05	19.21	19.38	19.53	19.70	19.86	20.02	20.18
35	18.28	18.45	18.62	18.74	18.95	19.11	19.28	19.44	19.61	19.78	19.95	20.11	20.28	20.44	20.61	20.77
36	18.81	18.97	19.15	19.28	19.49	19.66	19.83	20 »	20.17	20.34	20.52	20.68	20.86	21.03	21.20	21.37
37	19.33	19.50	19.68	19.82	20.03	20.20	20.38	20.56	20.73	20.91	21.09	21.26	21.44	21.61	21.79	21.96
38	19.85	20.03	20.21	20.35	20.57	20.75	20.93	21.11	21.29	21.47	21.66	21.83	22.02	22.19	22.38	22.56
39	20.37	20.56	20.74	20.89	21.11	21.30	21.48	21.67	21.85	22.04	22.23	22.41	22.60	22.78	22.97	23.15
40	20.90	21.08	21.28	21.42	21.66	21.84	22.04	22.22	22.42	22.60	22.80	22.98	23.18	23.36	23.56	23.74

OBSERVATIONS.

Change 100 Roubles Assigⁿˢ = fr. 110.

BASES DES CALCULS.

1 hectolitre = cetwerts 0.475.
1 cetwert = hectolitres 2.105.

1 Cetw. : Roub. 10 : : Cetw. 0.475 :
Roub. ass. 4.75.
100 Roub. as. : 110 f. : : Roub. as. 4.75 :
Francs 5.22.

Nous avons calculé sur le rapport de 1 hectolitre = cetwert 0.475, ce qui établit la parité de 100 cetwerts = 181.5 charges de Marseille, de 160 litres.

A Marseille, on compte ordinairement sur un rendement de 130 à 131 ; ainsi, ceux de nos lecteurs qui trouveront notre rapport trop rigoureux, pourront très-facilement ajouter sur le prix de revient, 1/2 % à 1 % de plus.

Tous ces revients sont calculés de prix à prix, d'après les bases sus-indiquées. Nous laissons l'appréciation des frais, nolis, assurances, commission et droits, à l'intelligence de nos lecteurs qui peuvent, au besoin, consulter le *Manuel commercial*.

A Odessa, les frais et la commission s'élèvent de 1 1/2 à 2 Roubles assignation ; à Marseille, les frais s'élèvent à 1 franc les 160 litres environ.

BLÉS. — RUSSIE ET ANGLETERRE.

CHANGES

PRIX Roubles assign. le cetwert.	5,40	5,50	5,60	5,70	5,80	5,90	6	6,10	6,20	6,30	6,40	6,50	6,60	6,70	6,80	6,90
	schellings le quarter.	schellings le quarter.	schellings le quarter.	schellings le quarter.	schellings le quarter.	schellings le quarter.	schellings le quarter.	schellings le quarter.	schellings le quarter.	schellings le quarter.	schellings le quarter.	schellings le quarter.	schellings le quarter.	schellings le quarter.	schellings le quarter.	schellings le quarter.
10	14.80	14.53	14.27	14.02	13.77	13.54	13.32	13.10	12.89	12.68	12.48	12.29	12.10	11.92	11.75	11.58
11	16.28	15.98	15.69	15.42	15.15	14.90	14.65	14.41	14.17	13.95	13.73	13.52	13.31	13.12	12.92	12.74
12	17.76	17.43	17.12	16.82	16.53	16.25	15.98	15.72	15.46	15.22	14.98	14.75	14.53	14.31	14.10	13.89
13	19.24	18.88	18.55	18.22	17.94	17.60	17.31	17.03	16.75	16.49	16.23	15.98	15.74	15.50	15.27	15.05
14	20.72	20.34	19.97	19.62	19.29	18.96	18.64	18.34	18.04	17.75	17.48	17.21	16.95	16.69	16.45	16.21
15	22.20	21.79	21.40	21.03	20.66	20.31	19.98	19.65	19.33	19.02	18.73	18.44	18.16	17.89	17.62	17.37
16	23.68	23.24	22.83	22.43	22.04	21.67	21.31	20.96	20.62	20.29	19.97	19.67	19.37	19.08	18.80	18.53
17	25.16	24.70	24.26	23.83	23.42	23.02	22.64	22.27	21.91	21.56	21.22	20.90	20.58	20.27	19.97	19.69
18	26.64	26.15	25.68	25.23	24.80	24.38	23.97	23.58	23.20	22.83	22.47	22.13	21.79	21.47	21.15	20.84
19	28.12	27.60	27.11	26.63	26.18	25.73	25.30	24.89	24.49	24.10	23.72	23.36	23 »	22.66	22.32	22 »
20	29.60	29.06	28.54	28.04	27.55	27.09	26.64	26.20	25.78	25.37	24.97	24.59	24.21	23.85	23.50	23.16
21	31.08	30.51	29.96	29.44	28.93	28.44	27.97	27.51	27.06	26.64	26.22	25.81	25.42	25.04	24.68	24.32
22	32.56	31.96	31.39	30.84	30.31	29.79	29.30	28.82	28.35	27.90	27.47	27.04	26.63	26.24	25.85	25.48
23	34.04	33.41	32.82	32.24	31.69	31.15	30.63	30.13	29.64	29.17	28.72	28.27	27.85	27.43	27.03	26.63
24	35.52	34.87	34.25	33.65	33.06	32.50	31.96	31.44	30.93	30.44	29.96	29.50	29.06	28.62	28.20	27.79
25	37 »	36.32	35.67	35.05	34.44	33.86	33.30	32.75	32.22	31.71	31.21	30.73	30.27	29.82	29.38	28.95
26	38.48	37.77	37.10	36.45	35.82	35.21	34.63	34.06	33.51	32.98	32.46	31.96	31.48	31.01	30.55	30.11
27	39.96	39.23	38.53	37.85	37.20	36.57	35.96	35.37	34.80	34.25	33.71	33.19	32.69	32.20	31.73	31.27
28	41.44	40.68	39.95	39.25	38.58	37.92	37.29	36.68	36.09	35.51	34.96	34.42	33.90	33.39	32.90	32.43
29	42.92	42.13	41.38	40.66	39.95	39.28	38.62	37.99	37.38	36.78	36.21	35.65	35.11	34.59	34.08	33.58
30	44.40	43.59	42.81	42.06	41.33	40.63	39.96	39.30	38.67	38.05	37.46	36.88	36.32	35.78	35.25	34.74
31	45.88	45.04	44.24	43.46	42.71	41.99	41.29	40.61	39.95	39.32	38.71	38.11	37.53	36.97	36.43	35.90
32	47.36	46.49	45.66	44.86	44.09	43.34	42.62	41.92	41.24	40.59	39.95	39.34	38.74	38.16	37.60	37.06
33	48.84	47.94	47.09	46.26	45.47	44.70	43.95	43.23	42.53	41.86	41.20	40.57	39.95	39.36	38.78	38.22
34	50 32	49.40	48.52	47.67	46.84	46.05	45.28	44.54	43.82	43.13	42.45	41.80	41.17	40.55	39.95	39.37
35	51.80	50.85	49.94	49.07	48.22	47.40	46.62	45.85	45.11	44.39	43.70	43.03	42.38	41.74	41.13	40.53
36	53.28	52.30	51.37	50.47	49.60	48.76	47.95	47.16	46.40	45.66	44.95	44.26	43.59	42.94	42.30	41.69
37	54.76	53.76	52.80	51.87	50.98	50.11	49.28	48.47	47.69	46.93	46.20	45.49	44.80	44.13	43.48	42.85
38	56.24	55.21	54.23	53.27	52.36	51.47	50.61	49.78	48.98	48.20	47.45	46.72	46.01	45.32	44.65	44.01
39	57.72	56.66	55.65	54.68	53.73	52.82	51.94	51.09	50.27	49.47	48.69	47.95	47.22	46.51	45.83	45.17
40	59.20	58.12	57.08	56.08	55.11	54.48	53.28	52.40	51.56	50.74	49.95	49.18	48.43	47.71	47.04	46.33

OBSERVATIONS.

Changes — Roubles argent 5.40 à
6.90 = 1 livre sterling.
1 livre sterling = 20 schellings.
1 rouble argent = roubles assignation 3 1/2.

BASES DES CALCULS.

100 cetwerts = quarters 71 1/2.
1 » = » 0.71 1/2.

Quart. 0.71 1/2 : R. ass. 10 : : 1 quar-
ter : X = R. ass. 13.986.
R.ass. 3 1/2 : 1 R.arg. : : R.ass. 13.986 :
X = R. arg. 3.996.
R. arg. 5.40 : 20 schellings : : R. arg.
3.996 : X = schellings 14.80.

Nous divisons le schelling en centimes au lieu de le diviser en 12 pences.

Tous ces revients ont été calculés de
prix à prix, d'après les bases ci-dessus ;
il reste à l'intelligence de nos lecteurs
le nolis, l'assurance, la commission, les
frais et les droits qui peuvent exister.

PRIX	CHANGES																OBSERVATIONS.
Roubles assign. le cetwert.	134	135	136	137	138	139	140	141	142	143	144	145	146	147	148	149	
	livr. flor. le sac.	livr. flor. le sac.	livr. flor. le sac.	livr. flor. le sac.	livr. flor. le sac.	livr. flor. le sac.	livr. flor. le sac.	livr. flor. le sac.	livr. flor. le sac.	livr. flor. le sac.	livr. flor. le sac.	livr. flor. le sac.	livr. flor. le sac.	livr. flor. le sac.	livr. flor. le sac.	livr. flor. le sac.	
10	4.63	4.67	4.70	4.74	4.77	4.80	4.84	4.87	4.91	4.94	4.98	5.01	5.05	5.08	5.12	5.15	Changes — 134 à 149 livres florentines = 100 roubles assignation.
11	5.10	5.13	5.17	5.21	5.25	5.29	5.32	5.36	5.40	5.44	5.48	5.51	5.55	5.59	5.63	5.67	
12	5.56	5.60	5.64	5.68	5.72	5.77	5.81	5.85	5.89	5.93	5.97	6.02	6.06	6.10	6.14	6.18	BASES DES CALCULS.
13	6.02	6.07	6.11	6.16	6.20	6.25	6.29	6.34	6.38	6.43	6.47	6.52	6.56	6.61	6.65	6.70	1 cetwert = sacs 2.89.
14	6.49	6.53	6.58	6.63	6.68	6.73	6.78	6.83	6.87	6.92	6.97	7.02	7.07	7.12	7.16	7.21	1 sac = cetwerts 0.346.
15	6.95	7 »	7.05	7.11	7.16	7.21	7.26	7.31	7.36	7.42	7.47	7.52	7.57	7.62	7.68	7.73	
16	7.41	7.47	7.52	7.58	7.63	7.69	7.75	7.80	7.86	7.91	7.97	8.02	8.08	8.13	8.19	8.24	1 cetw. : R. ass. 10 : : cetw. 0.346 : X = R. ass. 3.46.
17	7.88	7.94	7.99	8.05	8.11	8.17	8.23	8.29	8.35	8.41	8.47	8.52	8.58	8.64	8.70	8.76	R. ass. 100 : liv. flor. 134 : : R. ass. 3.46 : X = liv. fl. 4.63.
18	8.34	8.40	8.47	8.53	8.59	8.65	8.71	8.78	8.84	8.90	8.96	9.03	9.09	9.15	9.21	9.27	
19	8.80	8.87	8.94	9 »	9.07	9.13	9.20	9.26	9.33	9.40	9.46	9.53	9.59	9.66	9.72	9.79	
20	9.27	9.34	9.41	9.48	9.54	9.61	9.68	9.75	9.82	9.89	9.96	10.03	10.10	10.17	10.24	10.31	Tous ces calculs ayant été faits de prix à prix pour les rendre invariables, nous laissons les frais, le nolis, l'assurance, etc., à l'intelligence de nos lecteurs, qui peuvent consulter au besoin le *Manuel commercial*.
21	9.73	9.80	9.88	9.95	10.02	10.09	10.17	10.24	10.31	10.39	10.46	10.53	10.60	10.68	10.75	10.82	
22	10.20	10.27	10.35	10.42	10.50	10.58	10.65	10.73	10.80	10.88	10.96	11.03	11.11	11.18	11.26	11.34	
23	10.66	10.74	10.82	10.90	10.98	11.06	11.14	11.22	11.30	11.38	11.45	11.53	11.61	11.69	11.77	11.85	
24	11.12	11.21	11.29	11.37	11.45	11.54	11.62	11.70	11.79	11.87	11.95	12.04	12.12	12.20	12.28	12.37	
25	11.59	11.67	11.76	11.85	11.93	12.02	12.11	12.19	12.28	12.36	12.45	12.54	12.62	12.71	12.80	12.88	
26	12.05	12.14	12.23	12.32	12.41	12.50	12.59	12.68	12.77	12.86	12.95	13.04	13.13	13.22	13.31	13.40	
27	12.51	12.61	12.70	12.79	12.89	12.98	13.07	13.17	13.26	13.35	13.45	13.54	13.63	13.73	13.82	13.91	
28	12.98	13.07	13.17	13.27	13.36	13.46	13.56	13.66	13.75	13.85	13.95	14.04	14.14	14.24	14.33	14.43	
29	13.44	13.54	13.64	13.74	13.84	13.94	14.04	14.14	14.24	14.34	14.44	14.54	14.64	14.74	14.85	14.95	
30	13.90	14.01	14.11	14.22	14.32	14.42	14.53	14.63	14.73	14.84	14.94	15.05	15.15	15.25	15.36	15.46	
31	14.37	14.48	14.58	14.69	14.80	14.90	15.01	15.12	15.23	15.33	15.44	15.55	15.65	15.76	15.87	15.98	
32	14.83	14.94	15.05	15.16	15.27	15.39	15.50	15.61	15.72	15.83	15.94	16.05	16.16	16.27	16.38	16.49	
33	15.30	15.41	15.52	15.64	15.75	15.87	15.98	16.09	16.21	16.32	16.44	16.55	16.67	16.78	16.89	17.01	
34	15.76	15.88	15.99	16.11	16.23	16.35	16.46	16.58	16.70	16.82	16.94	17.05	17.17	17.29	17.41	17.52	
35	16.22	16.34	16.46	16.59	16.71	16.83	16.95	17.07	17.19	17.31	17.43	17.55	17.68	17.80	17.92	18.04	
36	16.69	16.81	16.94	17.06	17.18	17.31	17.43	17.56	17.68	17.81	17.93	18.06	18.18	18.31	18.43	18.55	
37	17.15	17.28	17.41	17.53	17.66	17.79	17.92	18.05	18.17	18.30	18.43	18.56	18.69	18.81	18.94	19.07	
38	17.61	17.74	17.28	18.01	18.14	18.27	18.40	18.53	18.67	18.80	18.93	19.06	19.19	19.32	19.45	19.59	
39	18.08	18.21	18.35	18.48	18.62	18.75	18.89	19.02	19.16	19.29	19.43	19.56	19.70	19.83	19.97	20.10	
40	18.54	18.68	18.82	18.96	19.09	19.23	19.37	19.51	19.65	19.79	19.92	20.06	20.20	20.34	20.48	20.62	

BLÉS. — FRANCE ET ANGLETERRE.

PRIX	CHANGES															
francs l'hectolit.	24.40	24.50	24.60	24.70	24.80	24.90	25	25.10	25.20	25.30	25.40	25.50	25.60	25.70	25.80	25.90
—	schellings le quarter.	schellings le quarter.	schellings le quarter.	schellings le quarter.	schellings le quarter.	schellings le quarter.	schellings le quarter.	schellings le quarter.	schellings le quarter.	schellings le quarter.	schellings le quarter.	schellings le quarter.	schellings le quarter.	schellings le quarter.	schellings le quarter.	schellings le quarter.
10	23.77	23.67	23.57	23.48	23.38	23.29	23.20	23.10	23.01	22.92	22.83	22.74	22.65	22.56	22.48	22.39
11	26.44	26.04	25.93	25.82	25.72	25.62	25.52	25.41	25.31	25.21	25.11	25.01	24.92	24.82	24.72	24.63
12	28.52	28.40	28.29	28.17	28.06	27.95	27.84	27.72	27.61	27.50	27.40	27.29	27.18	27.08	26.97	26.87
13	30.90	30.77	30.65	30.52	30.40	30.28	30.16	30.03	29.92	29.80	29.68	29.56	29.45	29.33	29.22	29.11
14	33.27	33.14	33 »	32.87	32.74	32.61	32.48	32.35	32.22	32.09	31.96	31.84	31.71	31.59	31.47	31.35
15	35.65	35.50	35.36	35.22	35.08	34.93	34.80	34.66	34.52	34.38	34.25	34.11	33.98	33.85	33.72	33.59
16	38.03	37.87	37.72	37.57	37.44	37.26	37.12	36.97	36.82	36.67	36.53	36.39	36.24	36.10	35.96	35.82
17	40.40	40.24	40.08	39.94	39.75	39.59	39.44	39.28	39.12	38.97	38.81	38.66	38.51	38.36	38.21	38.06
18	42.78	42.61	42.43	42.26	42.09	41.92	41.76	41.59	41.42	41.26	41.10	40.94	40.78	40.62	40.46	40.30
19	45.16	44.97	44.79	44.61	44.43	44.25	44.08	43.90	43.72	43.55	43.38	43.21	43.04	42.87	42.71	42.54
20	47.54	47.34	47.15	46.96	46.77	46.58	46.40	46.21	46.03	45.84	45.66	45.49	45.31	45.13	44.96	44.78
21	49.94	49.71	49.51	49.31	49.11	48.91	48.72	48.52	48.33	48.14	47.95	47.76	47.57	47.39	47.20	47.02
22	52.29	52.08	51.86	51.65	51.45	51.24	51.04	50.83	50.63	50.43	50.23	50.03	49.84	49.64	49.45	49.26
23	54.67	54.44	54.22	54 »	53.79	53.57	53.36	53.14	52.93	52.72	52.51	52.31	52.10	51.90	51.70	51.50
24	57.04	56.81	56.58	56.35	56.12	55.90	55.68	55.45	55.23	55.01	54.80	54.58	54.37	54.16	53.95	53.74
25	59.42	59.18	58.94	58.70	58.46	58.23	58 »	57.76	57.53	57.31	57.08	56.86	56.64	56.42	56.20	55.98
26	61.80	61.55	61.30	61.05	60.80	60.56	60.32	60.07	59.83	59.60	59.36	59.13	58.90	58.67	58.44	58.22
27	64.17	63.91	63.65	63.39	63.14	62.89	62.64	62.38	62.14	61.89	61.65	61.41	61.17	60.93	60.69	60.46
28	66.55	66.28	66.04	65.74	65.48	65.22	64.96	64.70	64.44	64.18	63.93	63.68	63.43	63.19	62.94	62.70
29	68.93	68.65	68.37	68.09	67.82	67.54	67.28	67.01	66.74	66.48	66.21	65.96	65.70	65.44	65.19	64.94
30	71.31	71.04	70.73	70.44	70.46	69.87	69.60	69.32	69.04	68.77	68.50	68.23	67.96	67.70	67.44	67.17
31	73.68	73.38	73.08	72.79	72.49	72.20	71.92	71.63	71.34	71.06	70.78	70.50	70.23	69.96	69.68	69.41
32	76.06	75.75	75.44	75.43	74.83	74.53	74.24	73.94	73.64	73.35	73.06	72.78	72.49	72.21	71.93	71.65
33	78.44	78.12	77.80	77.48	77.17	76.86	76.56	76.25	75.95	75.65	75.35	75.05	74.76	74.47	74.18	73.89
34	80.84	80.48	80.46	79.83	79.51	79.49	77.88	78.56	78.25	77.94	77.63	77.33	77.03	76.73	76.43	76.13
35	83.19	82.85	82.54	82.48	81.85	81.52	81.20	80.87	80.55	80.23	79.94	79.60	79.29	78.98	78.68	78.37
36	85.57	85.22	84.87	84.53	84.19	83.85	83.52	83.18	82.85	82.52	82.20	81.88	81.56	81.24	80.92	80.61
37	87.94	87.59	87.23	86.88	86.53	86.18	85.84	85.49	85.15	84.81	84.48	84.15	83.82	83.50	83.17	82.85
38	90.32	89.95	89.59	89.22	88.87	88.51	88.16	87.80	87.45	87.11	86.76	86.43	86.09	85.75	85.42	85.09
39	92.70	92.32	91.95	91.57	91.20	90.84	90.48	90.11	89.75	89.40	89.05	88.70	88.35	88.01	87.67	87.33
40	95.08	94.69	94.30	93.92	93.54	93.17	92.80	92.43	92.06	91.69	91.33	90.98	90.62	90.27	89.92	89.57

OBSERVATIONS.

Changes — Fr. 24.40 à 25.90 = 1 livre sterling

BASES DES CALCULS.

1 quarter = hectolitre 2.90.

1 hectol. : fr. 10 : : hectol. 2.90 : X
= fr. 29.

Fr. 24.40 : 20 schellings : : fr. 29 : X
= schell. 23.77.

Nous avons compté par schellings et centièmes de schellings.

Tous ces calculs ayant été faits de prix à prix pour les rendre invariables, nous laissons les frais, le nolis, l'assurance, etc., à l'intelligence de nos lecteurs, qui peuvent au besoin consulter le *Manuel commercial.*

CHANGES

PRIX	5,20	5,25	5,30	5,35	5,40	5,45	5,50	5,55	5,60	5,65	5,70	5,75	5,80	5,85	5,90	5,95
francs l'hectolit.	Réaux V. la fanegas.	Réaux V. la fanegas.	Réaux V. la fanegas.	Réaux V. la fanegas.	Réaux V. la fanegas.	Réaux V. la fanegas.	Réaux V. la fanegas.	Réaux V. la fanegas.	Réaux V. la fanegas.	Réaux V. la fanegas.	Réaux V. la fanegas.	Réaux V. la fanegas.	Réaux V. la fanegas.	Réaux V. la fanegas.	Réaux V. la fanegas.	Réaux V. la fanegas.
10	21.07	20.87	20.67	20.48	20.29	20.11	19.92	19.74	19.57	19.39	19.22	19.06	18.89	18.73	18.57	18.42
11	23.18	22.96	22.74	22.53	22.32	22.12	21.91	21.72	21.52	21.33	21.15	20.96	20.78	20.60	20.43	20.26
12	25.29	25.05	24.81	24.58	24.35	24.13	23.91	23.69	23.48	23.27	23.07	22.87	22.67	22.48	22.29	22.10
13	27.39	27.13	26.88	26.63	26.38	26.14	25.90	25.67	25.44	25.21	24.99	24.77	24.56	24.35	24.14	23.94
14	29.50	29.22	28.95	28.67	28.41	28.15	27.89	27.64	27.39	27.15	26.91	26.68	26.45	26.22	26 »	25.78
15	31.61	31.31	31.04	30.72	30.44	30.16	29.89	29.62	29.35	29.09	28.84	28.59	28.34	28.10	27.86	27.63
16	33.72	33.40	33.08	32.77	32.47	32.17	31.88	31.59	31.31	31.03	30.76	30.49	30.23	29.97	29.72	29.47
17	35.83	35.48	35.15	34.82	34.50	34.18	33.87	33.57	33.27	32.97	32.68	32.40	32.12	31.84	31.57	31.31
18	37.93	37.57	37.22	36.87	36.53	36.19	35.86	35.54	35.22	34.91	34.61	34.30	34.01	33.72	33.43	33.15
19	40.04	39.66	39.29	38.92	38.56	38.20	37.86	37.52	37.18	36.85	36.53	36.21	35.90	35.59	35.29	34.99
20	42.15	41.75	41.35	40.97	40.59	40.22	39.85	39.49	39.14	38.79	38.45	38.12	37.79	37.47	37.15	36.84
21	44.26	43.83	43.42	43.01	42.62	42.23	41.84	41.46	41.09	40.73	40.37	40.02	39.68	39.34	39 »	38.68
22	46.36	45.92	45.49	45.06	44.65	44.24	43.83	43.44	43.05	42.67	42.30	41.93	41.57	41.21	40.86	40.52
23	48.47	48.04	47.56	47.11	46.68	46.25	45.83	45.41	45.01	44.61	44.22	43.83	43.46	43.09	42.72	42.36
24	50.58	50.10	49.62	49.16	48.71	48.26	47.82	47.39	46.97	46.55	46.14	45.74	45.35	44.96	44.58	44.20
25	52.69	52.19	51.69	51.21	50.74	50.27	49.81	49.36	48.92	48.49	48.07	47.65	47.24	46.83	46.44	46.05
26	54.79	54.27	53.76	53.26	52.76	52.28	51.80	51.34	50.88	50.43	49.99	49.55	49.13	48.71	48.29	47.89
27	56.90	56.36	55.83	55.31	54.79	54.29	53.80	53.31	52.84	52.37	51.91	51.46	51.04	50.58	50.15	49.73
28	59.04	58.45	57.90	57.35	56.82	56.30	55.79	55.29	54.79	54.31	53.83	53.36	52.90	52.45	52.01	51.57
29	61.12	60.54	59.96	59.40	58.85	58.31	57.78	57.26	56.75	56.25	55.76	55.27	54.79	54.33	53.87	53.44
30	63.22	62.62	62.03	61.45	60.88	60.33	59.79	59.24	58.71	58.19	57.68	57.18	56.68	56.20	55.72	55.26
31	65.33	64.71	64.10	63.50	62.91	62.34	61.77	61.21	60.67	60.13	59.60	59.08	58.57	58.07	57.58	57.10
32	67.44	66.80	66.17	65.55	64.94	64.35	63.76	63.19	62.62	62.07	61.52	60.99	60.46	59.95	59.44	58.94
33	69.55	68.89	68.24	67.60	66.97	66.36	65.75	65.16	64.58	64.04	63.45	62.89	62.35	61.82	61.30	60.78
34	71.65	70.97	70.30	69.64	69 »	68.37	67.75	67.14	66.54	65.95	65.37	64.80	64.24	63.69	63.15	62.62
35	73.76	73.06	72.37	71.69	71.03	70.38	69.74	69.11	68.49	67.89	67.29	66.71	66.13	65.57	65.04	64.47
36	75.87	75.45	74.44	73.74	73.06	72.39	71.73	71.08	70.45	69.83	69.22	68.61	68.02	67.44	66.87	66.31
37	77.98	77.24	76.51	75.79	75.09	74.40	73.72	73.06	72.44	71.77	71.14	70.52	69.94	69.34	68.73	68.15
38	80.08	79.32	78.58	77.84	77.12	76.41	75.72	75.03	74.37	73.71	73.06	72.42	71.80	71.19	70.58	69.99
39	82.19	81.41	80.64	79.89	79.15	78.42	77.71	77.01	76.32	75.65	74.98	74.33	73.69	73.06	72.44	71.83
40	84.30	83.50	82.71	81.94	81.18	80.44	79.70	78.99	78.28	77.59	76.91	76.24	75.58	74.94	74.30	73.68

OBSERVATIONS.

Changes — fr. 5.20 à 5.95 pour 1 piastre forte.

BASES DES CALCULS.

Fanegas de Castille 2.92 = 1 charge de Marseille.

1 Fanegas de Castille = litres 54.8

Litres 100 : fr. 10 : : litres 54.8 : fr. 5.48

Fr. 5.20 : 20 réaux de v. : : fr. 5.48 : R. v. 21.07

20 réaux de veillon valent 1 piastre forte. Le réal de veillon se divise en 34 maravedis ; nous l'avons divisé dans ces calculs, en centièmes, pour plus de facilités.

Pour réduire les prix ci-contre aux 160 litres, charge de Marseille, il n'y aurait qu'à multiplier par 160 et diviser par 100.

Tous ces revients ont été calculés de prix à prix, d'après les bases ci-dessus. Le lecteur ajoutera le nolis, l'assurance, les frais d'un pays et de l'autre et les droits. Il faut faire surtout attention aux droits, qui sont sujets de temps à autre à des modifications, suivant le résultat des récoltes.

BLÉS. — FRANCE ET CATALOGNE (ESPAGNE).

CHANGES

PRIX	5,20	5,25	5,30	5,35	5,40	5,45	5,50	5,55	5,60	5,65	5,70	5,75	5,80	5,85	5,90	5,95
francs l'hectolit.	Réaux V. la quartera.	Réaux V. la quartera.	Réaux V. la quartera.	Réaux V. la quartera.	Réaux V. la quartera.	Réaux V. la quartera.	Réaux V. la quartera.	Réaux V. la quartera.	Réaux V. la quartera.	Réaux V. la quartera.	Réaux V. la quartera.	Réaux V. la quartera.	Réaux V. la quartera.	Réaux V. la quartera.	Réaux V. la quartera.	Réaux V. la quartera.
—																
10	27.30	27.04	26.79	26.54	26.29	26.05	25.81	25.58	25.35	25.13	24.91	24.69	24.48	24.27	24 06	23.86
11	30.03	29.75	29.47	29.19	28.92	28.66	28.39	28.14	27.89	27.64	27.40	27.16	26.93	26.70	26.47	26.25
12	32.76	32.45	32.15	31.85	31.55	31.26	30.98	30.70	30.42	30.15	29.89	29.63	29.37	29.12	28.88	28.63
13	35.49	35.16	34.83	34.50	34.18	33.87	33.56	33.26	32.96	32.67	32.38	32.10	31.82	31.55	31.28	31.02
14	38.23	37.86	37.50	37.15	36.81	36.47	36.14	35.81	35.49	35.18	34.87	34.57	34.27	33.98	33.69	33.41
15	40.96	40.57	40.18	39.81	39.44	39.08	38.72	38.37	38.03	37.69	37.36	37.04	36.72	36.41	36.10	35.79
16	43.69	43.27	42.86	42.46	42.07	41.68	41.30	40.93	40.57	40.21	39.85	39.51	39.17	38.83	38.50	38.18
17	46.42	45.98	45.54	45.12	44.70	44.29	43.89	43.49	43.10	42.72	42.35	41.98	41.62	41.26	40.91	40.57
18	49.15	48.68	48.22	47.77	47.33	46.89	46.47	46.05	45.64	45.23	44.84	44.45	44.06	43.69	43.32	42.95
19	51.88	51.38	50.90	50.43	49 96	49.50	49.05	48.61	48.17	47.75	47.33	46.92	46.51	46.11	45.72	45.34
20	54.61	54.09	53.58	53.08	52.59	52.11	51.63	51.17	50.71	50.26	49.82	49.39	48.96	48.54	48.13	47.73
21	57.34	56.79	56.26	55.73	55.22	54.71	54.21	53.72	53.24	52.77	52.31	51.86	51.44	50.97	50.54	50.11
22	60.07	59.50	58.94	58.39	57.85	57.32	56.79	56.28	55.78	55.29	54.80	54.33	53.86	53.40	52.94	52.50
23	62.80	62.20	61.62	61.04	60.48	59.92	59.38	58.84	58.32	57.80	57.29	56.79	56.31	55.82	55.35	54.89
24	65.53	64.91	64.30	63.70	63.11	62.53	61.96	61.40	60.85	60.31	59.78	59.26	58.75	58.25	57.76	57.27
25	68.26	67.61	66.98	66.35	65.74	65.13	64.54	63.96	63.39	62.83	62.28	61.73	61.20	60.68	60.16	59.66
26	70.99	70.32	69.66	69 »	68.36	67.74	67.12	66.52	65.92	65.34	64.77	64.20	63.65	63.11	62.57	62.05
27	73.72	73.02	72.33	71.66	70.99	70.34	69.70	69.08	68.46	67.85	67.26	66.67	66.10	65.53	64.98	64.43
28	76.46	75.73	75.01	74.31	73.62	72.95	72.29	71.63	70.99	70.37	69.75	69.14	68.55	67.96	67.38	66.82
29	79.19	78.43	77.69	76.97	76.25	75.55	74.87	74.19	73.53	72.88	72.24	71.61	70.99	70.39	69.79	69.20
30	81.92	81.14	80.37	79.62	78.88	78.16	77.45	76.75	76.07	75.39	74.73	74.08	73.44	72.82	72.20	71 59
31	84.65	83.84	83.05	82.28	81.54	80.77	80.03	79.34	78.60	77.91	77.22	76.55	75.89	75.24	74.60	73.98
32	87.38	86.55	85.73	84.93	84.14	83.37	82.64	81.87	81.14	80.42	79.71	79.02	78.34	77.67	77.04	76.36
33	90.11	89.25	88.44	87.58	86.77	85.98	85.19	84.43	83.67	82.93	82.20	81.49	80.79	80.10	79.42	78.75
34	92.84	91.96	91.09	90.24	89.40	88.58	87.78	86.99	86.21	85.43	84.70	83.96	83.24	82.52	81.83	81.14
35	95.57	94.66	93.77	92.89	92.03	91.19	90.36	89.54	88.74	87.96	87.19	86.43	85.68	84.95	84.23	83.52
36	98.30	97.36	96.45	95.55	94.66	93.79	92.94	92.10	91.28	90.47	89.68	88.90	88.13	87.38	86.64	85.91
37	101.03	100.07	99.13	98.20	97.29	96.40	95.52	94.66	93.82	92.99	92.17	91.37	90.58	89.81	89.05	88.30
38	103.76	102.77	101.81	100.86	99.92	99 »	98.10	97.22	96.35	95.50	94.66	93.84	93.03	92.23	91.45	90.68
39	106.49	105.49	104.49	103.51	102.55	101.64	100.69	99.78	98.89	98.04	97.15	96.31	95.48	94.66	93.86	93.07
40	109.22	108.49	107.16	106.16	105.18	104.22	103.27	102.34	101.42	100.53	99.64	98.78	97.93	97.09	96.27	95.46

OBSERVATIONS.

Changes — Fr. 5.20 à 5.95 = 1 piastre forte = 20 réaux de veillon

100 charges de Marseille = quarteras 225 de Barcelonne.

1 quarteras = litres 71.

BASES DES CALCULS.

100 litres : fr. 10 : : 71 litres : X = fr. 7.10.

Fr. 5.20 : 20 réaux de v. : : fr. 7.10 : X = R. v. 27.30.

Le réal de veillon se divise en 34 maravedis ; nous l'avons divisé en 100 centièmes.

100 charges de blé ont rendu quelquefois à Barcelonne quarteras 227 à 227 1/2, c'est-à-dire 1 % de plus environ.

Tous ces comptes ont été faits de prix à prix ; nous laissons les frais, le nolis et l'assurance à l'intelligence de nos lecteurs que nous renvoyons, au besoin, au *Manuel commercial*.

CHANGES

PRIX Piastres le kilot.	170	171	172	173	174	175	176	177	178	179	180	181	182	183	184	185
	francs l'hectolitre.	francs l'hectolitre.	francs l'hectolitre.	francs l'hectolitre.	francs l'hectolitre.	francs l'hectolitre.	francs l'hectolitre.	francs l'hectolitre.	francs l'hectolitre.	francs l'hectolitre.	francs l'hectolitre.	francs l'hectolitre.	francs l'hectolitre.	francs l'hectolitre.	francs l'hectolitre.	francs l'hectolitre.
15	9.92	9.86	9.80	9.75	9.69	9.64	9.58	9.53	9.47	9.42	9.37	9.32	9.27	9.21	9.16	9.12
16	10.58	10.52	10.46	10.40	10.34	10.28	10.22	10.16	10.11	10.05	9.99	9.94	9.88	9.83	9.78	9.72
17	11.24	11.18	11.11	11.05	10.98	10.92	10.86	10.80	10.74	10.68	10.62	10.56	10.50	10.44	10.39	10.33
18	11.90	11.83	11.77	11.70	11.63	11.56	11.50	11.43	11.37	11.31	11.24	11.18	11.12	11.06	11 »	10.94
19	12.57	12.49	12.42	12.35	12.28	12.21	12.14	12.07	12 »	11.93	11.87	11.80	11.74	11.67	11.61	11.55
20	13.23	13.15	13.07	13 »	12.92	12.85	12.78	12.70	12.63	12.56	12.49	12.42	12.36	12.29	12 22	12.16
21	13.89	13.81	13.73	13.65	13.57	13.49	13.42	13.34	13.27	13.19	13.12	13.05	12.97	12.90	12.83	12.76
22	14.55	14.47	14.38	14.30	14.22	14.14	14.05	13.98	13.90	13.82	13.74	13.67	13.59	13.52	13.44	13.37
23	15.21	15.12	15.04	14.95	14.86	14.78	14.69	14.61	14.53	14.45	14.37	14.29	14.21	14.13	14.05	13.98
24	15.87	15.78	15.69	15.60	15.51	15.42	15.33	15.25	15.16	15.08	14.99	14.91	14.83	14.75	14.67	14.59
25	16.54	16.44	16.34	16.25	16.16	16.06	15.97	15.88	15.79	15.70	15.62	15.53	15.45	15.36	15.28	15.20
26	17.20	17.10	17 »	16.90	16.80	16.74	16.61	16.52	16.42	16.33	16.24	16.15	16.06	15.98	15.89	15.80
27	17.86	17.75	17.65	17.55	17.45	17.35	17.25	17.15	17.06	16.96	16.87	16.77	16.68	16.59	16.50	16.41
28	18.52	18.44	18.31	18.20	18.10	17.99	17.89	17.79	17.69	17.59	17.49	17.40	17.30	17.20	17.11	17.02
29	19.18	19.07	18.96	18.85	18.74	18.63	18.53	18.42	18.32	18.22	18.12	18.02	17.92	17.82	17.72	17.63
30	19.84	19.73	19.61	19.50	19.39	19.28	19.17	19.06	18.95	18.85	18.74	18.64	18.54	18.43	18.33	18.24
31	20.51	20.39	20.27	20.15	20.03	19.92	19.81	19.69	19.58	19.47	19.37	19.26	19.15	19.05	18.95	18.84
32	21.17	21.04	20.92	20.80	20.68	20.56	20.45	20.33	20.22	20.10	19.99	19.88	19.77	19.66	19.56	19.45
33	21.83	21.70	21.58	21.45	21.33	21.21	21.08	20.97	20.85	20.73	20.62	20.50	20.39	20.28	20.17	20.06
34	22.49	22.36	22.23	22.10	21.97	21.85	21.74	21.60	21.48	21.36	21.24	21.12	21.01	20.89	20.78	20.67
35	23.15	23.02	22.88	22.75	22.62	22.49	22.35	22.24	22.11	21.99	21.87	21.75	21.63	21.51	21.39	21.28
36	23.81	23.67	23.54	23.40	23.27	23.13	22.99	22.87	22.74	22.62	22.49	22.37	22.24	22.12	22 »	21.89
37	24.48	24.33	24.19	24.05	23.91	23.78	23.63	23.51	23.38	23.24	23.12	22.99	22.86	22.74	22.61	22.49
38	25.14	24.99	24.85	24.70	24.56	24.42	24.27	24.14	24.01	23.87	23.74	23.61	23.48	23.35	23.22	23.10
39	25.80	25.65	25.50	25.35	25.21	25.06	24.94	24.78	24.64	24.50	24.37	24.23	24.10	23.97	23.84	23.71
40	26.46	26.31	26.15	26 »	25.85	25.70	25.53	25.44	25.27	25.13	24.99	24.85	24.72	24.58	24.45	24.32
41	27.12	26.96	26.84	26.65	26.50	26.35	26.19	26.05	25.90	25.76	25.62	25.47	25.33	25.20	25.06	24.93
42	27.78	27.62	27.46	27.30	27.15	26.99	26.83	26.69	26.54	26.39	26.24	26.10	25.95	25.81	25.67	25.53
43	28.45	28.28	28.11	27.95	27.79	27.63	27.47	27.32	27.17	27.02	26.86	26.72	26.57	26.42	26.28	26.14
44	29.11	28.94	28.77	28.60	28.44	28.28	28.10	27.96	27.80	27.64	27.49	27.34	27.19	27.04	26.89	26.75
45	29.77	29.60	29.42	29.25	29.08	28.92	28.74	28.59	28.43	28.27	28.11	27.96	27.81	27.65	27.50	27.36

OBSERVATIONS.

Changes — parà 170 à 185 = 1 franc 40 parà = 1 piastre.

BASES DES CALCULS.

1 charge de Marseille = kilots 4.50.
1 hectolitre......... = » 2.812.
1 kilot............. = litres 35.56.

1 kilot : parà 600 (15 piastres) : : kilots 2.812 : parà 1687.2.
Parà 170 : 1 franc : : parà 1687.2 : X = fr. 9.92.

Les frais d'embarquement à Constantinople ou dans les autres échelles de la Turquie, sont évalués à une demi-piastre environ par kilot, plus la commission.

Tous ces comptes ont été établis de prix à prix pour les rendre invariables. Le nolis, l'assurance, les frais, restent à l'intelligence de nos lecteurs, qui doivent s'en rapporter au cours du jour et qui peuvent consulter le *Manuel*, où ils trouveront le détail des frais de Marseille.

Le kilot de Salonique est égal à 4 kilots de Constantinople; par conséquent, ce tableau peut servir aussi pour SALONIQUE; il suffira de diviser par 4 le prix de Salonique, pour avoir le prix de Constantinople.

CHANGES

PRIX piastres le kilot.	103	103 1/2	104	104 1/2	105	105 1/2	106	106 1/2	107	107 1/2	108	108 1/2	109	109 1/2	110	110 1/2
	schellings le quarter.	schellings le quarter.	schellings le quarter.	schellings le quarter.	schellings le quarter.	schellings le quarter.	schellings le quarter.	schellings le quarter.	schellings le quarter.	schellings le quarter.	schellings le quarter.	schellings le quarter.	schellings le quarter.	schellings le quarter.	schellings le quarter.	schellings le quarter.
15	23.88	23.76	23.65	23.54	23.42	23.31	23.20	23.09	22.99	22.88	22.77	22.67	22.56	22.46	22.36	22.26
16	25.47	25.35	25.23	25.10	24.99	24.87	24.75	24.63	24.52	24.40	24.29	24.18	24.07	23.96	23.85	23.74
17	27.06	26.93	26.80	26.67	26.55	26.42	26.30	26.17	26.05	25.93	25.81	25.69	25.57	25.46	25.34	25.23
18	28.66	28.52	28.38	28.24	28.11	27.98	27.84	27.71	27.58	27.46	27.33	27.20	27.08	26.95	26.83	26.71
19	30.25	30.10	29.96	29.81	29.67	29.53	29.39	29.25	29.12	28.98	28.85	28.71	28.58	28.45	28.32	28.19
20	31.84	31.69	31.53	31.38	31.23	31.09	30.94	30.79	30.65	30.51	30.37	30.23	30.09	29.95	29.84	29.68
21	33.43	33.27	33.11	32.95	32.80	32.64	32.49	32.33	32.18	32.03	31.88	31.74	31.59	31.45	31.30	31.16
22	35.02	34.85	34.69	34.52	34.36	34.19	34.03	33.87	33.74	33.56	33.40	33.25	33.10	32.94	32.79	32.65
23	36.62	36.44	36.26	36.09	35.92	35.75	35.58	35.41	35.25	35.08	34.92	34.76	34.60	34.44	34.29	34.13
24	38.21	38.02	37.84	37.66	37.48	37.30	37.13	36.95	36.78	36.61	36.44	36.27	36.10	35.94	35.78	35.64
25	39.80	39.61	39.42	39.23	39.04	38.86	38.67	38.49	38.31	38.13	37.96	37.78	37.61	37.44	37.27	37.10
26	41.39	41.19	41 »	40.80	40.61	40.41	40.22	40.03	39.85	39.66	39.48	39.29	39.11	38.94	38.76	38.58
27	42.98	42.78	42.57	42.37	42.17	41.97	41.77	41.57	41.38	41.18	40.99	40.81	40.62	40.43	40.25	40.07
28	44.58	44.36	44.15	43.94	43.73	43.52	43.31	43.11	42.91	42.71	42.51	42.32	42.12	41.93	41.74	41.55
29	46.17	45.95	45.73	45.51	45.29	45.08	44.86	44.65	44.44	44.24	44.03	43.83	43.63	43.43	43.23	43.03
30	47.76	47.53	47.30	47.08	46.85	46.63	46.41	46.19	45.98	45.76	45.55	45.34	45.13	44.93	44.72	44.52
31	49.35	49.12	48.88	48.64	48.42	48.18	47.96	47.73	47.51	47.29	47.07	46.85	46.64	46.42	46.21	46 »
32	50.95	50.70	50.46	50.21	49.98	49.74	49.50	49.27	49.04	48.81	48.59	48.36	48.14	47.92	47.70	47.49
33	52.54	52.28	52.03	51.78	51.54	51.29	51.05	50.81	50.57	50.34	50.11	49.87	49.64	49.42	49.19	48.97
34	54.13	53.87	53.61	53.35	53.40	52.85	52.60	52.35	52.11	51.86	51.62	51.39	51.15	50.92	50.69	50.45
35	55.72	55.45	55.19	54.92	54.66	54.40	54.14	53.89	53.64	53.39	53.14	52.90	52.65	52.41	52.48	51.94
36	57.31	57.04	56.77	56.49	56.23	55.96	55.69	55.43	55.17	54.91	54.66	54.41	54.16	53.91	53.67	53.42
37	58.91	58.62	58.34	58.06	57.79	57.51	57.24	56.97	56.70	56.44	56.18	55.92	55.66	55.41	55.16	54.91
38	60.50	60.21	59.92	59.63	59.35	59.07	58.78	58.51	58.24	57.97	57.70	57.43	57.17	56.91	56.65	56.39
39	62.09	61.79	61.50	61.20	60.91	60.62	60.33	60.05	59.77	59.49	59.22	58.94	58.67	58.41	58.44	57.87
40	63.68	63.38	63.07	62.77	62.47	62.48	61.88	61.59	61.30	61.02	60.74	60.46	60.18	59.90	59.63	59.36
41	65.28	64.96	64.65	64.34	64.04	63.73	63.43	63.43	62.84	62.54	62.25	61.97	61.68	61.40	61.12	60.84
42	66.87	66.54	66.23	65.91	65.60	65.28	64.97	64.67	64.37	64.07	63.77	63.48	63.19	62.90	62.64	62.33
43	68.46	68.13	67.80	67.48	67.16	66.84	66.52	66.21	65.90	65.59	65.29	64.99	64.69	64.40	64.40	63.84
44	70.05	69.71	69.38	69.05	68.72	68.39	68.07	67.75	67.43	67.12	66.84	66.50	66.19	65.89	65.59	65.29
45	71.65	71.30	70.96	70.62	70.28	69.95	69.62	69.29	68.97	68.65	68.33	68.04	67.70	67.39	67.09	66.78

OBSERVATIONS.

Changes — 103 à 110 piastres pour 1 livre sterling (= 20 schellings.)

BASES DES CALCULS.

100 quarters = kilots 820.
1 » = » 8.20.
1 kilot = » 0.12195

1 kilot : 15 piastres : : kilots 8.20 :
X = piastres 123.
103 piastres : 20 schellings : : piastres
123 : X = schell. 23.88.

Les frais d'embarquement, dans les échelles de la Turquie, sont évalués à une demi-piastre environ par kilot, plus la commission ; et les frais de livraison en Angleterre à 2 schellings environ, commission non comprise. Au reste, nous avons établi ces comptes de prix à prix, pour les rendre invariables. Le nolis, l'assurance, les frais restent à l'intelligence de nos lecteurs, qui doivent s'en rapporter au cours du jour et qui peuvent consulter au besoin le *Manuel.*

Le kilot de Salonique diffère de celui de Constantinople qui est aussi en pratique dans les autres échelles de l'empire. Il est égal à 4 kilots de Constantinople. Par conséquent, ce tableau peut servir aussi pour SALONIQUE ; il suffira de diviser par 4 le prix de Salonique.

CHANGES

PRIX Piastres l'ardeb.	5	5.05	5.10	5.15	5.20	5.25	5.30	5.35	5.40	5.45	5.50	5.55	5.60	5.65	5.70	5.75
	francs l'hectolitre.	francs l'hectolitre.	francs l'hectolitre.	francs l'hectolitre.	francs l'hectolitre.	francs l'hectolitre.	francs l'hectolitre.	francs l'hectolitre.	francs l'hectolitre.	francs l'hectolitre.	francs l'hectolitre.	francs l'hectolitre.	francs l'hectolitre.	francs l'hectolitre.	francs l'hectolitre.	francs l'hectolitre.
50	7.22	7.29	7.36	7.44	7.51	7.58	7.65	7.73	7.80	7.87	7.94	8.02	8.09	8.16	8.23	8.30
55	7.94	8.02	8.10	8.18	8.26	8.34	8.42	8.50	8.58	8.66	8.74	8.82	8.90	8.98	9.06	9.13
60	8.67	8.75	8.84	8.93	9.04	9.10	9.19	9.27	9.36	9.45	9.53	9.62	9.71	9.79	9.88	9.97
65	9.39	9.48	9.58	9.67	9.76	9.86	9.95	10.05	10.14	10.23	10.33	10.42	10.54	10.61	10.70	10.80
70	10.11	10.21	10.31	10.44	10.51	10.62	10.72	10.82	10.92	11.02	11.12	11.22	11.32	11.43	11.53	11.63
75	10.83	10.94	11.05	11.16	11.27	11.37	11.48	11.59	11.70	11.84	11.92	12.03	12.13	12.24	12.35	12.46
80	11.56	11.67	11.79	11.90	12.02	12.13	12.25	12.36	12.48	12.60	12.71	12.83	12.94	13.06	13.17	13.29
85	12.28	12.40	12.52	12.65	12.77	12.89	13.01	13.14	13.26	13.38	13.54	13.63	13.75	13.87	14 »	14.12
90	13 »	13.13	13.26	13.39	13.52	13.65	13.78	13.91	14.04	14.17	14.30	14.43	14.56	14.69	14.82	14.95
95	13.72	13.86	14 »	14.13	14.27	14.41	14.55	14.68	14.82	14.96	15.10	15.23	15.37	15.51	15.64	15.78
100	14.45	14.59	14.73	14.88	15.02	15.17	15.31	15.46	15.60	15.75	15.89	16.04	16.18	16.32	16.47	16.61
105	15.17	15.32	15.47	15.62	15.77	15.93	16.08	16.23	16.38	16.53	16.68	16.84	16.99	17.14	17.29	17.44
110	15.89	16.05	16.21	16.37	16.53	16.69	16.84	17 »	17.16	17.32	17.48	17.64	17.80	17.96	18.12	18.27
115	16.61	16.78	16.94	17.11	17.28	17.45	17.61	17.78	17.94	18.11	18.27	18.44	18.61	18.77	18.94	19.11
120	17.34	17.51	17.68	17.86	18.03	18.21	18.38	18.55	18.72	18.90	19.07	19.24	19.42	19.59	19.76	19.94
125	18.06	18.24	18.42	18.60	18.78	18.97	19.14	19.32	19.50	19.68	19.86	20.05	20.23	20.40	20.59	20.77
130	18.78	18.97	19.16	19.34	19.53	19.72	19.91	20.10	20.28	20.47	20.66	20.85	21.03	21.22	21.41	21.60
135	19.50	19.70	19.89	20.09	20.28	20.48	20.67	20.87	21.06	21.26	21.45	21.65	21.84	22.04	22.23	22.43
140	20.23	20.43	20.63	20.83	21.03	21.24	21.44	21.64	21.84	22.05	22.25	22.45	22.65	22.85	23.06	23.26
145	20.95	21.16	21.37	21.58	21.79	22 »	22.20	22.41	22.62	22.83	23.04	23.25	23.46	23.67	23.88	24.09
150	21.67	21.89	22.10	22.32	22.54	22.76	22.97	23.19	23.40	23.62	23.84	24.06	24.27	24.49	24.71	24.92
155	22.39	22.62	22.84	23.07	23.29	23.52	23.74	23.96	24.18	24.41	24.63	24.86	25.08	25.30	25.53	25.75
160	23.12	23.35	23.58	23.81	24.04	24.28	24.50	24.73	24.96	25.20	25.43	25.66	25.89	26.12	26.35	26.58
165	23.84	24.08	24.31	24.55	24.79	25.03	25.27	25.51	25.75	25.98	26.22	26.46	26.70	26.94	27.18	27.41
170	24.56	24.81	25.05	25.30	25.54	25.79	26.03	26.28	26.53	26.77	27.02	27.26	27.51	27.75	28 »	28.25
175	25.28	25.54	25.79	26.04	26.29	26.55	26.80	27.05	27.31	27.56	27.81	28.07	28.32	28.57	28.82	29.08
180	26.01	26.27	26.52	26.79	27.05	27.31	27.56	27.83	28.09	28.35	28.60	28.87	29.13	29.38	29.65	29.91
185	26.73	27 »	27.26	27.53	27.80	28.07	28.33	28.60	28.87	29.13	29.40	29.67	29.94	30.20	30.47	30.74
190	27.45	27.73	28 »	28.27	28.55	28.83	29.10	29.37	29.65	29.92	30.19	30.47	30.74	31.02	31.29	31.57
195	28.17	28.46	28.73	29.02	29.30	29.59	29.86	30.15	30.43	30.71	30.99	31.27	31.55	31.83	32.12	32.40
200	28.90	29.19	29.47	29.76	30.05	30.34	30.63	30.92	31.21	31.50	31.79	32.08	32.36	32.65	32.94	33.23

OBSERVATIONS.

Changes—fr. 5 à 5.75 = 1 tallaro = 20 piastres.

BASES DES CALCULS.

1 ardeb..... = hectolitres 1.728.
1 » ..... = charges... 1.08.
1 hectolitre. = ardebs.... 0.578.

1 ardeb : piastres 50 :: ardebs 0.578 :
X = piastres 28.90.
20 piastres : 5 francs :: piastres 28.90 :
X = fr. 7.22.

Tous ces comptes ont été calculés de prix à prix d'après les bases ci-dessus et le rendement moyen de 100 ardebs = 108 charges de Marseille de 160 litres. D'après Bécherelle et d'autres auteurs, l'ardeb est égal à 182 litres, ce qui est peut-être très-exact, mais dans ces comptes de blés nous avons préféré nous en tenir à l'expérience des rendements moyens à Marseille. Nous laissons les frais, le nolis, l'assurance, qui sont variables, à l'intelligence de nos lecteurs qui doivent s'en rapporter au cours du jour et qui, pour le détail, peuvent consulter au besoin le Manuel.

Ces comptes sont valables pour ALEXANDRIE, pour JAFFA et pour toute autre échelle de l'Egypte.

PRIX	CHANGES																	OBSERVATIONS.
Piastres l'Ardeb.	97	97 1/4	97 1/2	97 3/4	98	98 1/4	98 1/2	98 3/4	99	99 1/4	99 1/2	99 3/4	100	100 1/4	100 1/2	100 3/4	
	schellings le quarter.	schellings le quarter.	schellings le quarter.	schellings le quarter.	schellings le quarter.	schellings le quarter.	schellings le quarter.	schellings le quarter.	schellings le quarter.	schellings le quarter.	schellings le quarter.	schellings le quarter.	schellings le quarter.	schellings le quarter.	schellings le quarter.	schellings le quarter.	
50	17.18	17.13	17.09	17.05	47 »	16.96	16.92	16.87	16.83	16.79	16.75	16.70	16.66	16.62	16.58	16.54	Changes — piastres 97 à 100 3/4 =
55	18.90	18.85	18.80	18.75	18.70	18.66	18.61	18.56	18.51	18.47	18.42	18.37	18.33	18.28	18.24	18.19	1 livre sterling, soit à 20 schellings.
60	20.61	20.56	20.51	20.46	20.40	20.35	20.30	20.25	20.20	20.15	20.10	20.05	19.99	19.95	19.90	19.85	
65	22.33	22.27	22.22	22.16	22.10	22.05	21.99	21.94	21.88	21.83	21.77	21.72	21.66	21.61	21.55	21.50	BASES DES CALCULS.
70	24.05	23.99	23.93	23.87	23.80	23.75	23.68	23.62	23.56	23.50	23.45	23.39	23.33	23.27	23.21	23.15	100 ardebs = quarters 60.
75	25.77	25.70	25.63	25.57	25.50	25.44	25.38	25.31	25.25	25.18	25.12	25.06	24.99	24.93	24.87	24.81	1 quarter = ardeb 1 2/3.
80	27.49	27.42	27.34	27.28	27.20	27.14	27.07	27 »	26.93	26.86	26.80	26.73	26.66	26.60	26.53	26.46	
85	29.20	29.13	29.05	28.98	28.90	28.83	28.76	28.69	28.61	28.54	28.47	28.40	28.33	28.26	28.19	28.12	1 ardeb : piastres 50 : : ardebs 1 2/3 :
90	30.92	30.84	30.76	30.69	30.60	30.53	30.45	30.37	30.30	30.22	30.15	30.07	29.99	29.92	29.85	29.77	X = piastres 83.33.
95	32.64	32.56	32.47	32.39	32.30	32.23	32.14	32.06	31.98	31.90	31.82	31.74	31.66	31.58	31.50	31.43	97 piastres : 20 schellings : : piastres
100	34.36	34.27	34.18	34.10	34 »	33.92	33.84	33.75	33.67	33.58	33.50	33.41	33.33	33.25	33.16	33.08	83.33 : X = schell. 17.18.
105	36.08	35.98	35.89	35.80	35.70	35.62	35.53	35.44	35.35	35.26	35.17	35.08	34.99	34.91	34.82	34.73	Nous avons divisé les schellings en
110	37.80	37.70	37.60	37.51	37.40	37.32	37.22	37.13	37.03	36.94	36.85	36.75	36.66	36.57	36.48	36.39	centièmes, pour plus de facilité.
115	39.51	39.41	39.31	39.21	39.10	39.01	38.91	38.81	38.72	38.62	38.52	38.42	38.33	38.23	38.14	38.04	
120	41.23	41.12	41.02	40.92	40.80	40.71	40.60	40.50	40.40	40.30	40.20	40.09	39.99	39.90	39.79	39.70	Tous ces comptes ont été établis de
125	42.95	42.84	42.72	42.62	42.50	42.41	42.30	42.19	42.08	41.98	41.87	41.77	41.66	41.56	41.45	41.35	prix à prix, d'après les bases ci-dessus ;
130	44.67	44.55	44.43	44.33	44.20	44.10	43.99	43.88	43.77	43.65	43.55	43.44	43.33	43.22	43.11	43 »	le nolis, l'assurance, la commission, les
135	46.39	46.27	46.14	46.03	45.90	45.80	45.68	45.56	45.45	45.33	45.22	45.11	44.99	44.88	44.77	44.66	frais, qui sont variables, restent à
140	48.10	47.98	47.85	47.74	47.60	47.49	47.37	47.25	47.13	47.01	46.90	46.78	46.66	46.55	46.43	46.31	l'intelligence de nos lecteurs, qui doi-
145	49.82	49.69	49.56	49.44	49.30	49.19	49.06	48.94	48.82	48.69	48.57	48.45	48.33	48.21	48.09	47.97	vent s'en rapporter au cours du jour et
150	51.54	51.41	51.27	51.15	51 »	50.89	50.76	50.63	50.50	50.37	50.25	50.12	49.99	49.87	49.74	49.62	qui, pour le détail, peuvent consulter
155	53.26	53.12	52.98	52.85	52.70	52.58	52.45	52.31	52.18	52.05	51.92	51.79	51.66	51.53	51.40	51.28	au besoin le *Manuel commercial.*
160	54.98	54.83	54.69	54.56	54.40	54.28	54.14	54 »	53.87	53.73	53.60	53.46	53.33	53.20	53.06	52.93	
165	56.70	56.55	56.40	56.26	56.10	55.98	55.83	55.69	55.55	55.41	55.27	55.13	54.99	54.86	54.72	54.58	Cette Table est valable pour ALEXAN-
170	58.41	58.26	58.11	57.97	57.80	57.67	57.52	57.38	57.23	57.09	56.95	56.80	56.66	56.52	56.38	56.24	DRIE, pour JAFFA et pour toute autre
175	60.13	59.98	59.81	59.67	59.50	59.37	59.22	59.07	58.92	58.77	58.62	58.47	58.33	58.18	58.04	57.89	échelle de l'Égypte.
180	61.85	61.69	61.52	61.38	61.20	61.07	60.91	60.75	60.60	60.45	60.30	60.14	59 99	59.85	59.69	59.55	
185	63.57	63.40	63.23	63.08	62.90	62.76	62.60	62.44	62.28	62.13	61.97	61.82	61.66	61.51	61.35	61.20	Le droit de douane en Angleterre
190	65.29	65.12	64.94	64.79	64.60	64.46	64.29	64.13	63.97	63.81	63.65	63.49	63.33	63.17	63.01	62.86	est de 1 schelling par quarter.
195	67 »	66.83	66.65	66.49	66.30	66.16	65.98	65.82	65.65	65.49	65.32	65.16	64.99	64.83	64.67	64.51	
200	68.72	68.55	68.37	68.20	68 »	67.85	67.68	67.51	67.34	67.17	67 »	66.83	66.66	66.50	66.33	66.17	

PRIX — CHANGES

le tomolo. (Ducats)	20,20	20,40	20,60	20,80	21	21,20	21,40	21,60	21,80	22	22,20	22,40	22,60	22,80	23	23,20
	francs l'hectolitre.	francs l'hectolitre.	francs l'hectolitre.	francs l'hectolitre.	francs l'hectolitre.	francs l'hectolitre.	francs l'hectolitre.	francs l'hectolitre.	francs l'hectolitre.	francs l'hectolitre.	francs l'hectolitre.	francs l'hectolitre.	francs l'hectolitre.	francs l'hectolitre.	francs l'hectolitre.	francs l'hectolitre.
1.50	13.92	13.78	13.65	13.52	13.39	13.26	13.14	13.02	12.90	12.78	12.66	12.55	12.44	12.33	12.22	12.12
1.55	14.38	14.24	14.10	13.97	13.83	13.70	13.58	13.45	13.33	13.21	13.09	12.97	12.85	12.74	12.63	12.52
1.60	14.85	14.70	14.56	14.42	14.28	14.15	14.01	13.88	13.76	13.63	13.51	13.39	13.27	13.45	13.04	12.93
1.65	15.31	15.16	15.01	14.87	14.73	14.59	14.45	14.32	14.19	14.06	13.93	13.81	13.68	13.56	13.45	13.33
1.70	15.77	15.62	15.47	15.32	15.17	15.03	14.89	14.75	14.62	14.48	14.35	14.22	14.10	13.97	13.85	13.73
1.75	16.24	16.08	15.92	15.77	15.62	15.47	15.33	15.19	15.05	14.91	14.77	14.64	14.51	14.39	14.26	14.14
1.80	16.70	16.54	16.38	16.22	16.07	15.91	15.77	15.62	15.48	15.34	15.20	15.06	14.93	14.80	14.67	14.54
1.85	17.17	17 »	16.83	16.67	16.51	16.36	16.20	16.05	15.91	15.76	15.62	15.48	15.34	15.21	15.08	14.95
1.90	17.63	17.46	17.29	17.12	16.96	16.80	16.64	16.49	16.34	16.19	16.04	15.90	15.76	15.62	15.48	15.35
1.95	18.10	17.92	17.74	17.57	17.41	17.24	17.08	16.92	16.77	16.61	16.46	16.32	16.17	16.03	15.89	15.75
2 »	18.56	18.38	18.20	18.02	17.85	17.68	17.52	17.36	17.20	17.04	16.89	16.74	16.59	16.44	16.30	16.16
2.05	19.02	18.84	18.65	18.47	18.30	18.13	17.96	17.79	17.63	17.47	17.31	17.15	17 »	16.85	16.71	16.56
2.10	19.49	19.30	19.11	18.93	18.74	18.57	18.39	18.22	18.06	17.89	17.73	17.57	17.42	17.26	17.11	16.97
2.15	19.95	19.76	19.56	19.38	19.19	19.04	18.83	18.66	18.49	18.32	18.15	17.99	17.83	17.67	17.52	17.37
2.20	20.44	20.22	20.02	19.83	19.64	19.45	19.27	19.09	18.92	18.74	18.57	18.41	18.25	18.09	17.93	17.77
2.25	20.88	20.68	20.47	20.28	20.08	19.89	19.71	19.53	19.35	19.17	19 »	18.83	18.66	18.50	18.34	18.18
2.30	21.34	21.14	20.93	20.73	20.53	20.34	20.15	19.96	19.78	19.60	19.42	19.25	19.08	18.94	18.74	18.58
2.35	21.81	21.60	21.38	21.18	20.98	20.78	20.58	20.39	20.21	20.02	19.84	19.67	19.49	19.32	19.15	18.99
2.40	22.27	22.06	21.84	21.63	21.42	21.22	21.02	20.83	20.64	20.45	20.26	20.08	19.91	19.73	19.56	19.39
2.45	22.74	22.52	22.29	22.08	21.87	21.66	21.46	21.26	21.07	20.87	20.69	20.50	20.32	20.14	19.97	19.79
2.50	23.20	22.98	22.75	22.53	22.32	22.11	21.90	21.70	21.50	21.30	21.11	20.92	20.74	20.55	20.38	20.20
2.55	23.66	23.44	23.20	22.98	22.76	22.55	22.34	22.13	21 93	21.73	21.53	21.34	21.15	20.96	20.78	20.60
2.60	24.13	23.90	23.66	23.43	23.21	22.99	22.77	22.56	22.36	22.15	21.95	21.76	21.57	21.37	21.19	21.04
2.65	24.59	24.36	24.11	23.88	23.66	23.43	23.21	23 »	22.79	22.58	22.37	22.18	21.98	21.78	21.60	21.44
2.70	25.06	24.82	24.57	24.33	24.10	23.87	23.65	23.43	23.22	23 »	22.80	22.59	22.39	22.20	22.01	21.84
2.75	25.52	25.28	25.02	24.78	24.55	24.32	24.09	23.87	23.65	23.43	23.22	23.01	22.81	22.61	22.44	22.22
2.80	25.98	25.74	25.48	25.23	24.99	24.76	24.53	24.30	24.08	23.86	23.64	23.43	23.22	23.02	22.82	22.62
2.85	26.45	26.20	25.93	25.69	25.44	25.20	24.96	24.73	24.51	24.28	24.06	23.85	23.64	23.43	23.23	23.03
2.90	26.94	26.66	26.39	26.14	25.89	25.64	25.40	25.17	24.94	24.71	24.49	24.27	24.05	23.84	23.63	23.43
2.95	27.38	27.12	26.84	26.59	26.33	26.09	25.84	25.60	25.37	25.13	24.94	24.69	24.47	24.25	24.04	23.83
3 »	27.84	27.57	27.30	27.04	26.78	26.53	26.28	26.04	25.80	25.56	25.33	25.11	24.88	24.67	24.45	24.24

OBSERVATIONS.

Changes — duc. 0.20.20 à 23.20 = 1 fr.

BASES DES CALCULS.

3 tomoli = litres 160.
1 tomolo = » 53 1/2.
1 hectolitre = tomoli 1.875.

1 tomolo : duc. 1.50 :: tom. 1.875 : X = duc. 2.81.25.
duc. 0.20.20 : 1 fr. :: duc. 2.81.25 : X = fr. 13.92.

Cette Table peut servir pour Barletta, Manfredonia, Tarente, les Abruzzes et pour toutes les provinces napolitaines où l'on vend les céréales à tant par tomolo, mesure de capacité. A Naples seulement et dans son golfe, on les vend au poids, et nous en avons fait une table spéciale. — V. page 16.

Les frais d'embarquement, dans les provinces napolitaines, s'élèvent de 4 grains à 4 grains et demi par chaque tomolo. Les maisons étrangères s'adressant à Naples ont à compter en outre la censerie de 1/3 à 1/2 % et 2 % de commission.

Tous ces comptes sont établis de prix à prix ; les frais, le nolis, l'assurance et les droits, nous les laissons à l'intelligence de nos lecteurs qui peuvent, au besoin, consulter le *Manuel commercial*.

Dans le moment où nous écrivons (1859), la sortie des céréales du Royaume de Naples est temporairement défendue.

BLÉS. — ROYAUME DE NAPLES ET ANGLETERRE.

PRIX Ducats le tomolo.	CHANGES 5,30 schellings le quarter.	5,35 schellings le quarter.	5,40 schellings le quarter.	5,45 schellings le quarter.	5,50 schellings le quarter.	5,55 schellings le quarter.	5,60 schellings le quarter.	5,65 schellings le quarter.	5,70 schellings le quarter.	5,75 schellings le quarter.	5,80 schellings le quarter.	5,85 schellings le quarter.	5,90 schellings le quarter.	5,95 schellings le quarter.	6,00 schellings le quarter.	6,05 schellings le quarter.
—	—	—	—	—	—	—	—	—	—	—	—	—	—	—	—	—
1.50	30.56	30.28	30 »	29.72	29.45	29.18	28.92	28.67	28.42	28.17	27.93	27.69	27.45	27.22	27 »	26.77
1.55	31.57	31.28	31 »	30.71	30.43	30.15	29.89	29.62	29.36	29.11	28.86	28.61	28.37	28.13	27.90	27.66
1.60	32.59	32.29	32 »	31.70	31.44	31.12	30.85	30.58	30.31	30.05	29.79	29.53	29.28	29.04	28.80	28.56
1.65	33.61	33.30	33 »	32.69	32.39	32.09	31.82	31.53	31.26	30.99	30.72	30.46	30.20	29.94	29.70	29.45
1.70	34.63	34.31	34 »	33.68	33.37	33.06	32.78	32.49	32.21	31.93	31.65	31.38	31.11	30.85	30.60	30.34
1.75	35.65	35.32	35 »	34.67	34.35	34.04	33.74	33.44	33.15	32.86	32.58	32.30	32.03	31.76	31.50	31.23
1.80	36.66	36.33	36 »	35.66	35.33	35.01	34.71	34.40	34.10	33.80	33.51	33.23	32.94	32.67	32.40	32.13
1.85	37.68	37.34	37 »	36.65	36.31	35.98	35.67	35.36	35.05	34.74	34.44	34.15	33.86	33.57	33.30	33.02
1.90	38.70	38.35	38 »	37.64	37.29	36.95	36.64	36.31	35.99	35.68	35.37	35.07	34.77	34.48	34.20	33.91
1.95	39.72	39.36	39 »	38.63	38.27	37.92	37.60	37.27	36.94	36.62	36.31	35.99	35.69	35.39	35.10	34.80
2 »	40.74	40.37	40 »	39.62	39.26	38.90	38.56	38.22	37.89	37.56	37.24	36.92	36.60	36.29	36 »	35.70
2.05	41.75	41.37	41 »	40.61	40.24	39.87	39.53	39.48	38.84	38.50	38.17	37.84	37.52	37.20	36.90	36.59
2.10	42.77	42.38	42 »	41.60	41.22	40.84	40.49	40.13	39.78	39.44	39.10	38.76	38.43	38.11	37.80	37.48
2.15	43.79	43.39	43 »	42.59	42.20	41.81	41.46	41.09	40.73	40.38	40.03	39.69	39.35	39.02	38.70	38.37
2.20	44.81	44.40	44 »	43.58	43.18	42.79	42.42	42.05	41.68	41.32	40.96	40.61	40.26	39.92	39.60	39.27
2.25	45.83	45.44	45 »	44.57	44.17	43.76	43.38	43 »	42.62	42.25	41.89	41.53	41.18	40.83	40.50	40.16
2.30	46.84	46.42	46 »	45.56	45.15	44.73	44.35	43.96	43.57	43.19	42.82	42.46	42.10	41.74	41.40	41.05
2.35	47.86	47.43	47 »	46.55	46.13	45.71	45.31	44.91	44.52	44.13	43.75	43.38	43.01	42.64	42.30	41.94
2.40	48.88	48.44	48 »	47.54	47.11	46.68	46.28	45.87	45.47	45.07	44.68	44.30	43.93	43.55	43.20	42.84
2.45	49.90	49.45	49 »	48.53	48.09	47.65	47.24	46.82	46.44	46.01	45.62	45.22	44.84	44.46	44.10	43.73
2.50	50.93	50.46	50 »	49.52	49.07	48.63	48.20	47.78	47.36	46.95	46.55	46.15	45.76	45.37	45 »	44.62
2.55	51.94	51.46	51 »	50.51	50.05	49.60	49.17	48.74	48.31	47.89	47.48	47.07	46.67	46.27	45.90	45.51
2.60	52.96	52.47	52 »	51.50	51.03	50.57	50.13	49.69	49.26	48.83	48.41	47.99	47.59	47.18	46.80	46.44
2.65	53.98	53.48	53 »	52.49	52.02	51.54	51.10	50.65	50.20	49.77	49.34	48.92	48.50	48.09	47.70	47.30
2.70	55 »	54.49	54 »	53.48	53 »	52.52	52.06	51.60	51.15	50.71	50.27	49.84	49.42	48.99	48.60	48.19
2.75	56.02	55.50	55 »	54.48	53.98	53.49	53.02	52.56	52.10	51.64	51.20	50.76	50.33	49.90	49.50	49.08
2.80	57.04	56.51	56 »	55.47	54.97	54.46	53.99	53.51	53.04	52.58	52.13	51.69	51.25	50.81	50.40	49.98
2.85	58.06	57.52	57 »	56.46	55.95	55.44	54.95	54.47	53.99	53.52	53.06	52.61	52.16	51.72	51.30	50.87
2.90	59.08	58.53	58 »	57.45	56.93	56.41	55.92	55.43	54.94	54.46	53.99	53.53	53.08	52.62	52.20	51.76
2.95	60.10	59.55	59 »	58.44	57.92	57.38	56.88	56.38	55.89	55.40	54.93	54.45	53.99	53.53	53.40	52.65
3 »	61.12	60.56	60 »	59.44	58.90	58.36	57.84	57.34	56.84	56.34	55.86	55.38	54.90	54.44	54 »	.53.54

OBSERVATIONS.

Changes— duc. 5.30 à 6.05 = 1 livre sterling , soit à 20 schellings.

BASES DES CALCULS.

1 quarter = tomoli 5.40.
1 tomolo = quarters 0.185.

1 tomolo : duc. 1.50 : : tomoli 5.40 :
X = duc. 8.10.
duc. 5.30 : 20 schell. : : duc. 8.10 :
X = schell. 30.56.

Cette Table peut servir pour toutes les provinces napolitaines.

Tous ces comptes sont établis de prix à prix. Nous renvoyons nos lecteurs aux annotations de la Table ROYAUME DE NAPLES ET FRANCE, page 13.

On peut se servir de cette Table pour les maïs et les orges, mais non pour les avoines qui, dans les provinces napolitaines, se vendent par tomolo colmo, c'est-à-dire comble autant que possible. On évalue de 14 à 15 % la différence entre une mesure comble et une mesure barrée.

CHANGES

Ducats le tomolo	20,20	20,40	20,60	20,80	21	21,20	21,40	21,60	21,80	22	22,20	22,40	22,60	22,80	23	23,20
le tomolo.	francs les 160 litres	francs les 160 litres	francs les 160 litres	francs les 160 litres	francs les 160 litres	francs les 160 litres	francs les 160 litres	francs les 160 litres	francs les 160 litres	francs les 160 litres	francs les 160 litres	francs les 160 litres	francs les 160 litres	francs les 160 litres	francs les 160 litres	francs les 160 litres
1.50	22.27	22.06	21.84	21.63	21.42	21.22	21.02	20.83	20.64	20.45	20.27	20.08	19.91	19.73	19.56	19.39
1.55	23.01	22.79	22.57	22.35	22.14	21.93	21.72	21.52	21.33	21.13	20.94	20.75	20.57	20.39	20.21	20.04
1.60	23.76	23.53	23.30	23.07	22.85	22.64	22.42	22.22	22.04	21.81	21.62	21.42	21.23	21.05	20.86	20.68
1.65	24.50	24.26	24.03	23.79	23.57	23.34	23.13	22.91	22.70	22.49	22.29	22.09	21.90	21.71	21.52	21.33
1.70	25.25	25 »	24.75	24.51	24.28	24.05	23.83	23.61	23.39	23.18	22.97	22.76	22.56	22.36	22.17	21.98
1.75	25.99	25.73	25.48	25.23	24.99	24.76	24.53	24.30	24.08	23.86	23.64	23.43	23.23	23.02	22.82	22.62
1.80	26.73	26.47	26.21	25.96	25.71	25.47	25.23	24.99	24.77	24.54	24.32	24.10	23.89	23.68	23.47	23.27
1.85	27.47	27.20	26.94	26.68	26.42	26.17	25.93	25.69	25.45	25.22	24.99	24.77	24.55	24.34	24.13	23.92
1.90	28.22	27.94	27.67	27.40	27.14	26.88	26.63	26.38	26.14	25.90	25.67	25.44	25.22	24.99	24.78	24.56
1.95	28.96	28.67	28.40	28.12	27.85	27.59	27.33	27.08	26.83	26.59	26.35	26.11	25.88	25.65	25.43	25.21
2 »	29.70	29.41	29.12	28.84	28.57	28.30	28.03	27.77	27.52	27.27	27.02	26.78	26.54	26.31	26.08	25.86
2.05	30.44	30.14	29.85	29.56	29.28	29 »	28.73	28.47	28.21	27.95	27.70	27.45	27.21	26.97	26.73	26.50
2.10	31.19	30.88	30.58	30.28	29.99	29.74	29.43	29.16	28.89	28.63	28.37	28.12	27.87	27.63	27.39	27.15
2.15	31.93	31.61	31.31	31 »	30.71	30.42	30.14	29.86	29.58	29.31	29.05	28.79	28.53	28.28	28.04	27.80
2.20	32.67	32.35	32.04	31.73	31.42	31.13	30.84	30.55	30.27	29.99	29.72	29.46	29.20	28.94	28.69	28.44
2.25	33.41	33.08	32.76	32.45	32.14	31.83	31.54	31.24	30.96	30.68	30.40	30.13	29.86	29.60	29.34	29.09
2.30	34.15	33.82	33.49	33.17	32.85	32.54	32.24	31.94	31.65	31.36	31.08	30.80	30.53	30.26	29.99	29.74
2.35	34.89	34.55	34.22	33.87	33.57	33.25	32.94	32.63	32.33	32.04	31.75	31.47	31.19	30.92	30.65	30.38
2.40	35.64	35.29	34.95	34.61	34.28	33.96	33.64	33.33	33.02	32.72	32.43	32.14	31.85	31.57	31.30	31.03
2.45	36.38	36.02	35.68	35.33	34.99	34.66	34.34	34.02	33.71	33.40	33.10	32.81	32.52	32.23	31.95	31.67
2.50	37.12	36.76	36.41	36.05	35.71	35.37	35.04	34.72	34.40	34.09	33.78	33.48	33.18	32.89	32.60	32.32
2.55	37.86	37.49	37.13	36.77	36.42	36.08	35.74	35.41	35.09	34.77	34.45	34.15	33.84	33.55	33.26	32.97
2.60	38.61	38.23	37.86	37.49	37.14	36.79	36.44	36.11	35.77	35.45	35.13	34.82	34.51	34.21	33.91	33.64
2.65	39.35	38.97	38.59	38.22	37.85	37.49	37.14	36.80	36.46	36.13	35.81	35.49	35.17	34.86	34.56	34.26
2.70	40.09	39.70	39.32	38.94	38.57	38.20	37.85	37.49	37.14	36.81	36.48	36.16	35.84	35.52	35.21	34.91
2.75	40.83	40.44	40.05	39.66	39.28	38.91	38.55	38.19	37.84	37.49	37.16	36.83	36.50	36.18	35.86	35.56
2.80	41.58	41.17	40.77	40.38	39.99	39.62	39.25	38.88	38.53	38.18	37.83	37.49	37.16	36.84	36.52	36.20
2.85	42.32	41.91	41.50	41.10	40.71	40.32	39.95	39.58	39.22	38.86	38.51	38.16	37.83	37.49	37.17	36.85
2.90	43.06	42.64	42.23	41.82	41.42	41.03	40.65	40.27	39.90	39.54	39.18	38.83	38.49	38.15	37.82	37.49
2.95	43.80	43.38	42.96	42.54	42.14	41.74	41.35	40.97	40.59	40.22	39.86	39.50	39.15	38.81	38.47	38.14
3 »	44.55	44.11	43.69	43.26	42.85	42.45	42.05	41.66	41.28	40.90	40.54	40.17	39.82	39.47	39.13	38.79

OBSERVATIONS.

BASES DES CALCULS.

3 tomoli = 1 charge de 160 litres.
1 tomolo = litres 53 1/3.
1 hectolit. = tomolo 1.875.

1 tomolo : duc. 1.50 :: tomoli 3 : duc. 4.50.

Duc. 0.20.20 : 1 fr. :: duc. 4.50 : fr. 22.27.

Les frais d'embarquement à Barletta ou Manfredonia s'élèvent de 4 grains à 4 grains et demi par chaque tomolo, sans compter la censerie de 1/3 % et la commission de 1 à 2 %.

Le droit de sortie est éventuel; dernièrement il était de 1 duc. par chaque quintal de 100 rotoli, ce qui revenait de 46 à 50 grains par chaque tomolo. Dans ce moment (mars 1859), la sortie des céréales du Royaume de Naples est prohibée.

Le blé fin pèse ordinairement de 48 à 50 rotoli par tomolo; le blé ordinaire de 45 à 47.

APERÇU DES FRAIS A MARSEILLE :

Droit de ville...... fr. 0.20
Mesurage et criblage 18
Frais divers........ 21
Censerie 1/3 %.
Commission 1 ou 2 %.
Escompte 1 %.

Ajoutez fret et assurance, et pour des détails plus précis voyez le *Manuel commercial.*

CHANGES

Ducats le cantaro.	20,20	20,40	20,60	20,80	21	21,20	21,40	21,60	21,80	22	22,20	22,40	22,60	22,80	23	23,20
PRIX	francs les 100 kil.	francs les 100 kil.	francs les 100 kil.	francs les 100 kil.	francs les 100 kil.	francs les 100 kil.	francs les 100 kil.	francs les 100 kil.	francs les 100 kil.	francs les 100 kil.	francs les 100 kil.	francs les 100 kil.	francs les 100 kil.	francs les 100 kil.	francs les 100 kil.	francs les 100 kil.
3 »	16.68	16.52	16.36	16.20	16.05	15.90	15.75	15.60	15.46	15.32	15.18	15.04	14.91	14.78	14.65	14.52
3.10	17.24	17.07	16.90	16.74	16.58	16.43	16.27	16.12	15.97	15.83	15.68	15.54	15.41	15.27	15.14	15.04
3.20	17.79	17.62	17.45	17.28	17.12	16.96	16.80	16.64	16.49	16.34	16.19	16.05	15.90	15.77	15.63	15.49
3.30	18.35	18.17	17.99	17.82	17.65	17.49	17.32	17.16	17 »	16.85	16.70	16.55	16.40	16.26	16.12	15.98
3.40	18.91	18.72	18.54	18.36	18.19	18.02	17.85	17.68	17.52	17.36	17.20	17.05	16.90	16.75	16.60	16.46
3.50	19.46	19.27	19.09	18.90	18.72	18.55	18.37	18.20	18.03	17.87	17.71	17.55	17.40	17.25	17.09	16.95
3.60	20.02	19.82	19.63	19.44	19.26	19.08	18.90	18.72	18.55	18.38	18.22	18.05	17.89	17.74	17.58	17.43
3.70	20.58	20.37	20.18	19.98	19.79	19.61	19.42	19.24	19.07	18.89	18.72	18.55	18.39	18.23	18.07	17.91
3.80	21.13	20.92	20.72	20.52	20.33	20.14	19.95	19.76	19.58	19.40	19.23	19.06	18.89	18.72	18.56	18.40
3.90	21.69	21.47	21.27	21.06	20.86	20.67	20.47	20.28	20.10	19.94	19.73	19.56	19.38	19.22	19.05	18.88
4 »	22.24	22.03	21.84	21.60	21.40	21.20	21 »	20.80	20.61	20.42	20.24	20.06	19.88	19.71	19.54	19.37
4.10	22.80	22.58	22.36	22.14	21.93	21.73	21.52	21.32	21.13	20.93	20.75	20.56	20.38	20.20	20.02	19.85
4.20	23.36	23.13	22.90	22.68	22.47	22.26	22.05	21.84	21.64	21.45	21.25	21.06	20.87	20.69	20.51	20.34
4.30	23.91	23.68	23.45	23.22	23 »	22.79	22.57	22.36	22.16	21.96	21.76	21.56	21.37	21.19	21 »	20.82
4.40	24.47	24.23	23.99	23.76	23.54	23.32	23.10	22.88	22.67	22.47	22.26	22.07	21.87	21.68	21.49	21.30
4.50	25.03	24.78	24.54	24.30	24.07	23.85	23.62	23.40	23.19	22.98	22.77	22.57	22.37	22.17	21.98	21.79
4.60	25.58	25.33	25.08	24.84	24.61	24.38	24.15	23.92	23.70	23.49	23.28	23.07	22.86	22.67	22.47	22.27
4.70	26.14	25.88	25.63	25.38	25.14	24.91	24.67	24.44	24.22	24 »	23.78	23.57	23.36	23.16	22.96	22.76
4.80	26.69	26.43	26.18	25.92	25.68	25.44	25.20	24.96	24.73	24.51	24.29	24.07	23.86	23.65	23.44	23.24
4.90	27.25	26.98	26.72	26.46	26.21	25.97	25.72	25.48	25.25	25.02	24.79	24.57	24.35	24.14	23.93	23.73
5 »	27.81	27.53	27.27	27 »	26.75	26.50	26.25	26 »	25.77	25.53	25.30	25.08	24.85	24.64	24.42	24.21
5.10	28.36	28.08	27.81	27.54	27.28	27.03	26.77	26.52	26.28	26.04	25.81	25.58	25.35	25.13	24.91	24.69
5.20	28.92	28.63	28.36	28.08	27.82	27.56	27.30	27.04	26.80	26.55	26.31	26.08	25.84	25.62	25.40	25.18
5.30	29.47	29.18	28.90	28.62	28.35	28.09	27.82	27.56	27.31	27.06	26.82	26.58	26.34	26.12	25.89	25.66
5.40	30.03	29.74	29.45	29.16	28.89	28.62	28.35	28.08	27.83	27.57	27.33	27.08	26.84	26.61	26.37	26.15
5.50	30.59	30.29	29.99	29.70	29.42	29.15	28.87	28.60	28.34	28.08	27.83	27.58	27.34	27.10	26.86	26.63
5.60	31.14	30.84	30.54	30.24	29.96	29.68	29.40	29.12	28.86	28.60	28.34	28.09	27.83	27.59	27.35	27.12
5.70	31.70	31.39	31.08	30.78	30.49	30.21	29.92	29.64	29.37	29.11	28.84	28.59	28.33	28.09	27.84	27.60
5.80	32.26	31.94	31.63	31.32	31.03	30.74	30.45	30.16	29.89	29.62	29.35	29.09	28.83	28.58	28.33	28.08
5.90	32.81	32.49	32.17	31.86	31.56	31.27	30.97	30.68	30.40	30.13	29.86	29.59	29.32	29.07	28.82	28.57
6 »	33.37	33.04	32.72	32.41	32.10	31.80	31.50	31.21	30.92	30.64	30.36	30.09	29.83	29.57	29.31	29.05

OBSERVATIONS.

Changes — duc. 0.20.20 à 23.20 = 1 fr.

BASES DES CALCULS.

Rotoli 100 = kilogr. 89.
Kilogr. 100 = rotoli 112.36.

Rotoli 100 : duc 3 . : rotoli 112.36 :
X = duc. 3.37.
Duc. 0.20.20 : 1 franc : : duc. 3.37 :
X = fr. 16.68.

Dans la Bourse de Naples on traite les céréales livrables dans les provinces à tant par tomolo; mais les céréales pour la consommation, au débarquement ou dans le port, on les traite au poids. Le blé se vend au cantaro de rotoli 101; le cantaro n'est que de 100 rotoli; mais en l'élevant à 101, on n'a fait qu'établir implicitement une bonification de 1 % sur le poids. Dans le golfe de Naples; c'est-à-dire à *Torre-Annunziata et Castellamare, on le vend au cantaro de 100 rotoli.*

Nous avons *établi* ces comptes au *cantaro de 100 rotoli,* et de prix à prix. *Le revient en France a été calculé aux 100 kilogrammes. Nous laissons les frais et les droits à l'intelligence de nos lecteurs qui consulteront, au besoin, le Manuel commercial.*

CHANGES

PRIX Onces et tari la salme	40	40.50	41	41.50	42	42.50	43	43.50	44	44.50	45	45.50	46	46.50	47	47.50
	francs l'hectolitre.	francs l'hectolitre.	francs l'hectolitre.	francs l'hectolitre.	francs l'hectolitre.	francs l'hectolitre.	francs l'hectolitre.	francs l'hectolitre.	francs l'hectolitre.	francs l'hectolitre.	francs l'hectolitre.	francs l'hectolitre.	francs l'hectolitre.	francs l'hectolitre.	francs l'hectolitre.	francs l'hectolitre.
2 »	11.25	11.11	10.97	10.84	10.71	10.58	10.46	10.34	10.22	10.11	10 »	9.89	9.78	9.67	9.57	9.47
2.05	12.18	12.03	11.89	11.74	11.60	11.47	11.33	11.20	11.07	10.95	10.83	10.71	10.59	10.48	10.37	10.26
2.10	13.12	12.96	12.80	12.65	12.49	12.35	12.20	12.06	11.93	11.79	11.66	11.53	11.41	11.29	11.17	11.05
2.15	14.06	13.88	13.71	13.55	13.39	13.23	13.08	12.93	12.78	12.63	12.50	12.36	12.22	12.09	11.96	11.84
2.20	15 »	14.81	14.63	14.45	14.28	14.11	13.95	13.79	13.63	13.48	13.33	13.18	13.04	12.90	12.76	12.63
2.25	15.93	15.74	15.54	15.36	15.17	14.99	14.82	14.65	14.48	14.32	14.16	14.01	13.85	13.70	13 56	13.42
3 »	16.87	16.66	16.46	16.26	16.07	15.88	15.69	15.51	15.34	15.16	15 »	14.83	14.67	14.51	14.36	14.21
3.05	17.81	17.59	17.37	17.16	16.96	16.76	16.56	16.37	16.19	16.01	15.83	15.65	15.48	15.32	15.15	15 »
3.10	18.75	18.51	18.29	18.07	17.85	17.64	17.44	17.24	17.04	16.85	16.66	16.48	16.30	16.12	15.95	15.79
3.15	19.68	19.44	19.20	18.97	18.74	18.52	18.31	18.10	17.89	17.69	17.50	17.30	17.11	16.93	16.75	16.58
3.20	20.62	20.37	20.12	19.87	19.64	19.41	19.18	18.96	18.74	18.53	18.33	18.13	17.93	17.74	17.55	17.37
3.25	21.56	21.29	21.03	20.78	20.53	20.29	20.05	19.82	19.60	19.38	19.16	18.95	18.74	18.54	18.35	18.16
4 »	22.50	22.22	21.95	21.68	21.42	21.17	20.92	20.68	20.45	20.22	20 »	19.77	19.56	19.35	19.14	18.95
4.05	23.43	23.14	22.86	22.59	22.32	22.05	21.80	21.55	21.30	21.06	20.83	20.60	20.37	20.16	19.94	19.74
4.10	24.37	24.07	23.78	23.49	23.21	22.94	22.67	22.41	22.15	21.90	21.66	21.42	21.19	20.96	20.74	20.52
4.15	25.31	24.99	24.69	24.39	24.10	23.82	23.54	23.27	23.01	22.75	22.50	22.25	22 »	21.77	21.54	21.31
4.20	26.25	25.92	25.60	25.30	24.99	24.70	24.41	24.13	23.86	23.59	23.33	23.07	22.82	22.57	22.33	22.10
4.25	27.18	26.85	26.52	26.20	25.89	25.58	25.28	24.99	24.71	24.43	24.16	23.89	23.63	23.38	23.13	22.89
5 »	28.12	27.77	27.43	27.10	26.78	26.46	26.16	25.86	25.56	25.27	25 »	24.72	24.45	24.19	23.93	23.68
5.05	29.06	28.70	28.35	28.04	27.67	27.35	27.03	26.72	26.41	26.12	25.83	25.54	25.26	24.99	24.73	24.47
5.10	30 »	29.62	29.26	28.94	28.57	28.23	27.90	27.58	27.26	26.96	26.66	26.37	26.08	25.80	25.53	25.26
5.15	30.93	30.55	30.48	29.84	29.46	29.11	28.77	28.44	28.12	27.80	27.50	27.19	26.89	26.61	26.32	26.05
5.20	31.87	31.48	31.09	30.72	30.35	29.99	29.64	29.30	28.97	28.64	28.33	28.02	27.71	27.41	27.12	26.84
5.25	32.81	32.40	32.04	31.62	31.24	30.88	30.52	30.17	29.82	29.49	29.16	28.84	28.52	28.22	27.92	27.63
6 »	33.75	33.33	32.92	32.52	32.14	31.76	31.39	31.03	30.67	30.33	30 »	29.66	29.34	29.03	28.72	28.42
6.05	34.68	34.25	33.84	33.43	33.03	32.64	32.26	31.89	31.53	31.17	30.83	30.49	30.15	29.83	29.54	29.21
6.10	35.62	35.18	34.75	34.33	33.92	33.52	33.13	32.75	32.38	32.04	31.66	31.31	30.97	30.64	30.31	30 »
6.15	36.56	36.41	35.66	35.24	34.81	34.44	34 »	33.61	33.23	32.86	32.50	32.14	31.78	31.45	31.11	30.79
6.20	37.50	37.03	36.58	36.14	35.71	35.29	34.88	34.48	34.08	33.70	33.33	32.96	32.60	32.25	31.91	31.58
6.25	38.43	37.96	37.49	37.04	36.60	36.17	35.75	35.34	34.93	34.54	34.16	33.78	33.44	33.06	32.74	32.37
7	39.37	38.88	38.41	37.95	37.49	37.05	36.62	36.20	35.79	35.39	35 »	34.61	34.23	33.87	33.54	33.45

OBSERVATIONS.

Changes — grains 40 à 47.50 = 1 fr.
20 grains = 1 tari.
30 tari... = 1 once.
(1 once = fr. 13 à 14 environ.)

BASES DES CALCULS.

60 salmes.... = 100 ch.^{es} de 160 lit.
1 » ... = 1 2/3 *item*.
1 .... = hectolitres 2 2/3.
1 hectolitre. = salme 0.375.

1 salme : tari 60 : : salmes 0.375 : X
= tari 22.50.
1 tari : 20 grains : : tari 22.50 : X
= grains 450.
40 grains : 1 franc : : grains 450 : X
= francs 11.25.

Tous ces comptes ont été établis de prix à prix pour les rendre invariables. Le nolis, l'assurance, les frais, restent à l'intelligence de nos lecteurs, qui doivent s'en rapporter au cours du jour et qui peuvent consulter le *Manuel*.

Dans le moment où nous écrivons (mars 1859), la sortie des céréales est prohibée dans tout le royaume des Deux-Siciles.

1 salme de Sicile est égale à 5 tomoli de Naples ou de Barletta. Il y a une autre salme, dite *salme grosse*, qui est égale à tomoli 6 1/4 de Naples, soit à hectolitres 3.33 environ, et on s'en sert ordinairement pour le commerce local des orges.

CHANGES

PRIX Florins le stajo.	1,94	1,96	1,98	2	2,02	2,04	2,06	2,08	2,10	2,12	2,14	2,16	2,18	2,20	2,22	2,24
	francs l'hectolitre.	francs l'hectolitre.	francs l'hectolitre.	francs l'hectolitre.	francs l'hectolitre.	francs l'hectolitre.	francs l'hectolitre.	francs l'hectolitre.	francs l'hectolitre.	francs l'hectolitre.	francs l'hectolitre.	francs l'hectolitre.	francs l'hectolitre.	francs l'hectolitre.	francs l'hectolitre.	francs l'hectolitre.
4	9.38	9.48	9.58	9.68	9.77	9.87	9.97	10.06	10.16	10.26	10.35	10.45	10.55	10.64	10.74	10.84
4.50	10.53	10.67	10.78	10.89	10.99	11.10	11.21	11.32	11.43	11.54	11.65	11.76	11.87	11.97	12.08	12.19
5	11.73	11.85	11.97	12.10	12.22	12.34	12.46	12.58	12.70	12.82	12.94	13.06	13.18	13.31	13.43	13.55
5.50	12.91	13.04	13.17	13.31	13.44	13.57	13.70	13.84	13.97	14.10	14.24	14.37	14.50	14.64	14.77	14.90
6	14.08	14.22	14.37	14.52	14.66	14.81	14.95	15.10	15.24	15.39	15.53	15.68	15.82	15.97	16.11	16.26
6.50	15.25	15.44	15.57	15.73	15.88	16.04	16.20	16.35	16.51	16.67	16.83	16.98	17.14	17.30	17.46	17.61
7	16.43	16.60	16.77	16.94	17.10	17.27	17.44	17.61	17.78	17.95	18.12	18.29	18.46	18.63	18.80	18.97
7.50	17.60	17.78	17.96	18.15	18.33	18.51	18.69	18.87	19.05	19.23	19.42	19.60	19.78	19.96	20.14	20.32
8	18.77	18.97	19.16	19.36	19.55	19.74	19.94	20.13	20.32	20.52	20.71	20.90	21.10	21.29	21.48	21.68
8.50	19.95	20.15	20.36	20.57	20.77	20.98	21.18	21.39	21.59	21.80	22 »	22.21	22.42	22.62	22.83	23.03
9	21.12	21.34	21.56	21.78	21.99	22.21	22.43	22.65	22.86	23.08	23.30	23.52	23.74	23.95	24.17	24.39
9.50	22.30	22.53	22.76	22.99	23.21	23.44	23.67	23.90	24.13	24.36	24.59	24.82	25.05	25.28	25.51	25.74
10	23.47	23.71	23.95	24.20	24.44	24.68	24.92	25.16	25.41	25.65	25.89	26.13	26.37	26.62	26.86	27.10
10.50	24.64	24.90	25.15	25.41	25.66	25.94	26.17	26.42	26.68	26.93	27.18	27.44	27.69	27.95	28.20	28.45
11	25.82	26.08	26.35	26.62	26.88	27.15	27.44	27.68	27.95	28.21	28.48	28.74	29.01	29.28	29.54	29.81
11.50	26.99	27.27	27.55	27.83	28.10	28.38	28.66	28.94	29.22	29.49	29.77	30.05	30.33	30.61	30.89	31.16
12	28.16	28.45	28.74	29.04	29.33	29.62	29.91	30.20	30.49	30.78	31.07	31.36	31.65	31.94	32.23	32.52
12.50	29.34	29.64	29.94	30.25	30.55	30.85	31.15	31.46	31.76	32.06	32.36	32.67	32.97	33.27	33.57	33.88
13	30.54	30.83	31.14	31.46	31.77	32.08	32.40	32.71	33.03	33.34	33.66	33.97	34.29	34.60	34.91	35.23
13.50	31.68	32.01	32.34	32.67	32.99	33.32	33.65	33.97	34.30	34.62	34.95	35.28	35.61	35.93	36.26	36.59
14	32.86	33.20	33.54	33.88	34.21	34.55	34.89	35.23	35.57	35.91	36.25	36.59	36.92	37.26	37.60	37.94
14.50	34.03	34.38	34.73	35.09	35.44	35.79	36.14	36.49	36 84	37.19	37.54	37.89	38.24	38.59	38.94	39.30
15	35.21	35.57	35.93	36.30	36.66	37.02	37.38	37.75	38.11	38.47	38.84	39.20	39.56	39.93	40.29	40.65
15.50	36.38	36.75	37.13	37.51	37.88	38.26	38.63	39.01	39.38	39.75	40.13	40.51	40.88	41.26	41.63	42.01
16	37.55	37.94	38.33	38.72	39.10	39.49	39.88	40.26	40.65	41.04	41.43	41.81	42.20	42.59	42.97	43.36
16.50	38.73	39.13	39.53	39.93	40.32	40.72	41.12	41.52	41.92	42.32	42.72	43.12	43.52	43.92	44.32	44.72
17	39.90	40.31	40.72	41.14	41.55	41.96	42.37	42.78	43.19	43.60	44.01	44.43	44.84	45.25	45.66	46.07
17.50	41.07	41.50	41.92	42.35	42.77	43.19	43.62	44.04	44.46	44.89	45.31	45.73	46.16	46.58	47 »	47.43
18	42.25	42.68	43.12	43.56	43.99	44.43	44.86	45.30	45.73	46.17	46.60	47.04	47.48	47.91	48.35	48.78
18.50	43.42	43.87	44.32	44.77	45.21	45.66	46.11	46.56	47 »	47.45	47.90	48.35	48.79	49.24	49.69	50.14
19	44.60	45.06	45.52	45.98	46.43	46.89	47.35	47.81	48.27	48.73	49.19	49.65	50.11	50.57	51.03	51.49

OBSERVATIONS.

Changes — fr. 1.94 à 2.24 = 1 flor.

BASES DES CALCULS.

1 hectolitre.. .... = staja 1.21.
1 stajo...... ...... = litres 82.6.
1 charge de Marseille = staja 1.936.

1 stajo : 4 flor. : : staja 1.21 : flor. 4.84

1 flor. : fr. 1.94 : : flor. 4.84 : fr. 9.38.

Tous ces revients ont été calculés de prix à prix, d'après les bases ci-dessus ; il faut ajouter le nolis, l'assurance, la commission, les frais et les droits qui peuvent exister. Pour ces détails nous renvoyons nos lecteurs au *Manuel commercial.*

Le stajo de Venise est comme celui de Trieste à très-peu de chose près; il est égal à litres 83 1/3, c'est-à-dire 1 % plus fort que celui de Trieste; mais la monnaie n'est pas la même. On y compte par *livres* autrichiennes dont 2.99 variables font un florin de Trieste, soit florin courant d'Auguste.

PRIX	CHANGES																OBSERVATIONS.
Ecus rom.	17,70	17,80	17,90	18	18,10	18,20	18,30	18,40	18,50	18,60	18,70	18,80	18,90	19	19,10	19,20	
la rubbio.	francs l'hectolitre.	francs l'hectolitre.	francs l'hectolitre.	francs l'hectolitre.	francs l'hectolitre.	francs l'hectolitre.	francs l'hectolitre.	francs l'hectolitre.	francs l'hectolitre.	francs l'hectolitre.	francs l'hectolitre.	francs l'hectolitre.	francs l'hectolitre.	francs l'hectolitre.	francs l'hectolitre.	francs l'hectolitre.	
6 »	12.67	12.60	12.53	12.46	12.39	12.32	12.26	12.19	12.12	12.06	12 »	11.93	11.87	11.81	11.74	11.68	Changes — 17.70 à 19.20 écus rom. = 100 francs.
6.25	13.20	13.13	13.05	12.98	12.91	12.84	12.77	12.70	12.63	12.56	12.50	12.43	12.36	12.30	12.23	12.17	
6.50	13.73	13.65	13.58	13.50	13.43	13.35	13.28	13.21	13.14	13.06	13 »	12.93	12.86	12.79	12.72	12.66	BASES DES CALCULS.
6.75	14.26	14.18	14.10	14.02	13.94	13.87	13.79	13.71	13.64	13.57	13.50	13.42	13.35	13.28	13.21	13.14	1 hectolitre = rubbi 0.374.
7 »	14.79	14.70	14.62	14.54	14.46	14.38	14.30	14.22	14.15	14.07	14 »	13.92	13.85	13.77	13.70	13.63	1 charge = » 0.598.
7.25	15.31	15.23	15.14	15.06	14.98	14.89	14.81	14.73	14.65	14.57	14.50	14.42	14.34	14.27	14.19	14.12	1 rubbio = hectol. 2.673.
7.50	15.84	15.75	15.67	15.58	15.49	15.41	15.32	15.24	15.16	15.08	15 »	14.91	14.84	14.76	14.68	14.60	1 » = charge 1.67.
7.75	16.37	16.28	16.19	16.10	16.01	15.92	15.83	15.75	15.66	15.58	15.50	15.41	15.33	15.25	15.17	15.09	
8 »	16.90	16.80	16.71	16.62	16.52	16.43	16.34	16.26	16.17	16.08	16 »	15.91	15.83	15.74	15.66	15.58	1 rubbio : écus 6 : : rubbi 0.374 : X = écus 2.244.
8.25	17.43	17.33	17.23	17.14	17.04	16.95	16.86	16.78	16.68	16.58	16.50	16.41	16.32	16.23	16.15	16.06	Ecus 17.70 : 100 fr. : : écus 2.244 :
8.50	17.95	17.85	17.75	17.66	17.56	17.46	17.37	17.27	17.18	17.09	17 »	16.90	16.82	16.73	16.64	16.55	X = francs 12.62.
8.75	18.48	18.38	18.28	18.18	18.07	17.98	17.88	17.78	17.69	17.59	17.50	17.40	17.31	17.22	17.13	17.04	
9 »	19.04	18.90	18.80	18.69	18.59	18.49	18.39	18.29	18.19	18.09	18 »	17.90	17.80	17.71	17.62	17.53	Tous ces reviens ont été calculés de
9.25	19.54	19.43	19.32	19.21	19.11	19 »	18.90	18.80	18.70	18.59	18.50	18.40	18.30	18.20	18.11	18.01	prix à prix, d'après les bases ci-dessus ;
9.50	20.07	19.95	19.84	19.73	19.62	19.52	19.44	19.30	19.20	19.10	19 »	18.89	18.79	18.69	18.60	18.50	le nolis , l'assurance, la commission,
9.75	20.60	20.48	20.37	20.25	20.14	20.03	19.92	19.81	19.71	19.60	19.50	19.39	19.29	19.19	19.09	18.99	les frais et les droits restent à l'intel-
10 »	21.12	21 »	20.89	20.77	20.66	20.54	20.43	20.32	20.22	20.10	20 »	19.89	19.78	19.68	19.58	19.47	ligence de nos lecteurs, qui doivent
10.25	21.65	21.53	21.44	21.29	21.17	21.06	20.94	20.83	20.72	20.60	20.50	20.39	20.28	20.17	20.07	19.96	s'en rapporter au cours du jour et qui
10.50	22.18	22.06	21.93	21.81	21.69	21.57	21.45	21.34	21.23	21.11	21 »	20.88	20.77	20.66	20.56	20.45	peuvent consulter au besoin le *Manuel*
10.75	22.71	22.58	22.46	22.33	22.21	22.08	21.96	21.84	21.73	21.61	21.50	21.38	21.27	21.15	21.05	20.93	*commercial.*
11 »	23.24	23.11	22.98	22.85	22.72	22.60	22.48	22.35	22.24	22.11	22 »	21.88	21.76	21.65	21.54	21 42	
11.25	23.77	23.63	23.50	23.37	23.24	23.11	22.99	22.86	22.74	22.61	22.50	22.37	22.26	22.14	22.03	21.91	Il nous a été très-difficile de nous
11.50	24.29	24.16	24.02	23.89	23.76	23.63	23.50	23.37	23.25	23.12	23 »	22.87	22.75	22.63	22.52	22.39	fixer au juste sur le rapport du rubbio
11.75	24.82	24.68	24.54	24.41	24.27	24.14	24.01	23.88	23.76	23.63	23.50	23.37	23.25	23.12	23.01	22.88	de la Romagne , ayant trouvé un dé-
12 »	25.35	25.21	25.07	24.93	24.79	24.65	24.52	24.39	24.26	24.13	24 »	23.87	23.74	23.61	23.50	23.37	saccord complet dans tous les auteurs
12.25	25.88	25.73	25.59	25.45	25.31	25.17	25.03	24.89	24.77	24.63	24.50	24.36	24.24	24.11	23.99	23.86	que nous avons consultés. Nous nous
12.50	26.41	26.26	26.11	25.97	25.82	25.68	25.54	25.40	25.27	25.14	25 »	24.86	24.73	24.60	24.48	24.34	sommes arrêté à nos notes basées sur
12.75	26.93	26.78	26.63	26.49	26.34	26.19	26.05	25.91	25.78	25.64	25.50	25.36	25.22	25.09	24.97	24.83	l'expérience. En 1858, les rendements
13 »	27.46	27.31	27.16	27 »	26.85	26.71	26.56	26.42	26.28	26.14	26 »	25.86	25.72	25.58	25.46	25.32	d'Ancóne ont donné 166 à 169 charges
13.25	27.99	27.83	27.68	27.52	27.37	27.22	27.07	26.93	26.79	26.64	26.50	26.35	26.21	26.07	25.94	25.80	pour 100 rubbi. Nous avons pris pour
13.50	28.52	28.36	28.20	28.04	27.89	27.74	27.58	27.44	27.29	27.14	27 »	26.85	26.71	26.57	26.43	26.29	base le rendement de 167, comme

moyenne se rapprochant à nos notes anciennes.

CHANGES

PRIX Francs l'hectolit.	0.75 liv. flor. le sac.	0.76 liv. flor. le sac.	0.77 liv. flor. le sac.	0.78 liv. flor. le sac.	0.79 liv. flor. le sac.	0.80 liv. flor. le sac.	0.81 liv. flor. le sac.	0.82 liv. flor. le sac.	0.83 liv. flor. le sac.	0.84 liv. flor. le sac.	0.85 liv. flor. le sac.	0.86 liv. flor. le sac.	0.87 liv. flor. le sac.	0.88 liv. flor. le sac.	0.89 liv. flor. le sac.	0.90 liv. flor. le sac.
10	9.61	9.48	9.36	9.24	9.12	9.01	8.90	8.79	8.68	8.58	8.48	8.38	8.28	8.19	8.10	8.01
11	10.57	10.43	10.29	10.16	10.03	9.91	9.79	9.67	9.55	9.44	9.32	9.22	9.11	9.01	8.91	8.81
12	11.53	11.38	11.23	11.09	10.95	10.81	10.68	10.58	10.42	10.29	10.17	10.05	9.94	9.83	9.72	9.61
13	12.49	12.33	12.17	12.01	11.86	11.71	11.57	11.42	11.29	11.15	11.02	10.89	10.77	10.64	10.53	10.41
14	13.45	13.27	13.10	12.93	12.77	12.61	12.46	12.30	12.15	12.01	11.87	11.73	11.60	11.46	11.34	11.21
15	14.41	14.22	14.04	13.86	13.68	13.51	13.35	13.18	13.02	12.87	12.72	12.57	12.42	12.28	12.15	12.01
16	15.37	15.17	14.97	14.78	14.60	14.41	14.24	14.06	13.89	13.73	13.56	13.41	13.25	13.10	12.96	12.81
17	16.34	16.12	15.91	15.71	15.51	15.31	15.13	14.94	14.76	14.59	14.41	14.24	14.08	13.92	13.77	13.61
18	17.30	17.07	16.85	16.63	16.42	16.22	16.02	15.82	15.63	15.44	15.26	15.08	14.91	14.74	14.58	14.41
19	18.26	18.02	17.78	17.56	17.33	17.12	16.91	16.70	16.50	16.30	16.11	15.92	15.74	15.56	15.39	15.21
20	19.22	18.97	18.72	18.48	18.25	18.02	17.80	17.58	17.37	17.16	16.96	16.76	16.57	16.38	16.20	16.02
21	20.18	19.91	19.66	19.40	19.16	18.92	18.69	18.46	18.23	18.02	17.81	17.60	17.40	17.19	17.01	16.82
22	21.14	20.86	20.59	20.33	20.07	19.82	19.58	19.34	19.10	18.88	18.65	18.44	18.22	18.01	17.82	17.62
23	22.10	21.81	21.53	21.25	20.98	20.72	20.47	20.21	19.97	19.73	19.50	19.27	19.05	18.83	18.63	18.42
24	23.06	22.76	22.46	22.18	21.90	21.62	21.36	21.09	20.84	20.59	20.35	20.11	19.88	19.65	19.44	19.22
25	24.03	23.71	23.40	23.10	22.84	22.52	22.25	21.97	21.71	21.45	21.20	20.95	20.71	20.47	20.25	20.02
26	24.99	24.66	24.34	24.02	23.72	23.42	23.14	22.85	22.58	22.31	22.05	21.79	21.54	21.29	21.06	20.82
27	25.95	25.61	25.27	24.95	24.63	24.32	24.03	23.73	23.45	23.17	22.89	22.63	22.37	22.11	21.87	21.62
28	26.91	26.55	26.21	25.87	25.55	25.23	24.92	24.61	24.31	24.03	23.74	23.47	23.20	22.93	22.68	22.42
29	27.87	27.50	27.15	26.80	26.46	26.13	25.81	25.49	25.18	24.88	24.59	24.30	24.02	23.75	23.49	23.22
30	28.83	28.45	28.08	27.72	27.37	27.03	26.70	26.37	26.05	25.74	25.44	25.14	24.85	24.57	24.30	24.03
31	29.79	29.40	29.02	28.65	28.28	27.93	27.59	27.25	26.92	26.60	26.29	25.98	25.68	25.39	25.11	24.83
32	30.75	30.35	29.95	29.57	29.20	28.83	28.48	28.13	27.79	27.46	27.13	26.82	26.51	26.21	25.92	25.63
33	31.71	31.30	30.89	30.49	30.11	29.73	29.37	29.01	28.66	28.32	27.98	27.66	27.34	27.02	26.73	26.43
34	32.68	32.24	31.83	31.42	31.02	30.63	30.26	29.88	29.52	29.17	28.83	28.49	28.17	27.84	27.54	27.23
35	33.64	33.19	32.76	32.34	31.93	31.53	31.15	30.76	30.39	30.03	29.68	29.33	29 »	28.66	28.35	28.03
36	34.60	34.14	33.70	33.27	32.85	32.43	32.04	31.64	31.26	30.89	30.53	30.17	29.82	29.48	29.16	28.83
37	35.56	35.09	34.63	34.19	33.76	33.34	32.93	32.52	32.13	31.75	31.37	31.01	30.65	30.30	29.97	29.63
38	36.52	36.04	35.57	35.11	34.67	34.24	33.82	33.40	33 »	32.61	32.22	31.85	31.48	31.12	30.78	30.43
39	37.48	36.99	36.51	36.04	35.58	35.14	34.71	34.28	33.87	33.47	33.07	32.69	32.31	31.94	31.59	31.23
40	38.44	37.94	37.44	36.96	36.50	36.04	35.60	35.16	34.74	34.32	33.92	33.53	33.14	32.76	32.40	32.04

OBSERVATIONS.

Changes— 75 à 90 centimes pour 1 livre florentine.

BASES DES CALCULS.

Sacs 2.23 = 1 charge de Marseille.
   1 = litres 72.09.
Hectol. 1 = sacs 1.387.
100 litres : fr. 10 :: litres 72.09 : fr. 7.209.
fr. 0.75 : 1 liv. flor. :: fr. 7.209 : liv. flor. 9.61.

Pour réduire à la charge de Marseille les prix à l'hectolitre de la première colonne il n'y a qu'à multiplier par 160 et diviser par 100.

Tous ces reviens ont été calculés de prix à prix d'après les bases ci-dessus. Le lecteur ajoutera le nolis, l'assurance, les frais, et il fera attention aux droits qui peuvent exister dans les deux pays.

Rapport du prix en francs de l'Hectolitre, avec la charge de 160 litres

SUR LA PLACE DE MARSEILLE.

FRANCS l'hectolitre.	FRANCS la charge.	FRANCS l'hectolitre.	FRANCS la charge.	FRANCS l'hectolitre.	FRANCS la charge.	FRANCS l'hectolitre.	FRANCS la charge.	FRANCS l'hectolitre.	FRANCS la charge.	FRANCS l'hectolitre.	FRANCS la charge.
1	1.60	9.25	14 80	17.50	28	25.75	41.20	34	54.40	42.25	67.60
1.25	2	9.50	15.20	17.75	28.40	26	41.60	34.25	54.80	42.50	68
1.50	2.40	9.75	15.60	18	28.80	26.25	42	34.50	55.20	42.75	68.40
1.75	2.80	10	16	18.25	29.20	26.50	42 40	34.75	55.60	43	68 80
2	3.20	10.25	16.40	18.50	29.60	26.75	42.80	35	56	43.25	69.20
2.25	3.60	10.50	16 80	18.75	30	27	43.20	35.25	56.40	43.50	69.60
2.50	4	10.75	17.20	19	30.40	27.25	43.60	35.50	56.80	43.75	70
2.75	4.40	11	17.60	19.25	30.80	27.50	44	35.75	57 20	44	70.40
3	4 80	11.25	18	19.50	31.20	27.75	44 40	36	57.60	44.25	70.80
3.25	5.20	11.50	18 40	19.75	31.60	28	44.80	36.25	58	44.50	71.20
3.50	5.60	11.75	18.80	20	32	28.25	45.20	36.50	58.40	44.75	71.60
3.75	6	12	19.20	20.25	32.40	28.50	45.60	36.75	58.80	45	72
4	6.40	12.25	19.60	20 50	32.80	28.75	46	37	59.20	45.25	72.40
4.25	6.80	12.50	20	27.75	33.20	29	46.40	37.25	59.60	45.50	72.80
4.50	7.20	12.75	20 40	21	33.60	29.25	46.80	37 50	60	45.75	73.20
4.75	7.60	13	20.80	21.25	34	29.50	47.20	37.75	60.40	46	73.60
5	8	13.25	21.20	21.50	34.40	29.75	47.60	38	60.80	46.25	74
5.25	8 40	13.50	21.60	21.75	34.80	30	48	38.25	61.20	46.50	74.40
5 50	8.80	13.75	22	22	35.20	30 25	48 40	38.50	61.60	46.75	74.80
5.75	9.20	14	22.40	22.25	35.60	30.50	48.80	38.75	62	47	75.20
6	9.60	14.25	22.80	22.50	36	30.75	49.20	39	62 40	47.25	75.60
6.25	10	14.50	23.20	22.75	36 40	31	49.60	39.25	62.80	47 50	76
6 50	10.40	14.75	23.60	23	36.80	31.25	50	39 50	63 20	47.75	76.40
6.75	10 80	15	24	23 25	37.20	31 50	50.40	39.75	63.60	48	76.80
7	11.20	15.25	24.40	23.50	37.60	31.75	50.80	40	64	48.25	77.20
7.25	11.60	15.50	24.80	23.75	38	32	51.20	40.25	64.40	48.50	77.60
7.50	12	15 75	25.20	24	38.40	32.25	51.60	40.50	64.80	48.75	78
7.75	12.40	16	25.60	24 25	38.80	32.50	52	40.75	65.20	49	78.40
8	12.80	16.25	26	24.50	39.20	32.75	52.40	41	65.60	49.25	78.80
8.25	13.20	16.50	26.40	24 75	39.60	33	52.80	41.25	66	49.50	79.20
8 50	13.60	16.75	26.80	25	40	33.25	53.20	41 50	66.40	49 75	79.60
8.75	14	17	27 20	25.25	40.40	33 50	53.60	41.75	66.80	50	80
9	14.40	17.25	27.60	25.50	40.80	33.75	54	42	67.20		

CHANGES

Toutes les valeurs sont en **francs l'hectolitre**.

PRIX Piastres le métal.	12	12 1/4	12 1/2	12 3/4	13	13 1/4	13 1/2	13 3/4
16	49.92	50.96	52 »	53.04	54.08	55.12	56.16	57.20
17	53.04	54.14	55.25	56.35	57.46	58.56	59.67	60.77
18	56.16	57.33	58.50	59.67	60.84	62.01	63.18	64.35
19	59.28	60.51	61.75	62.98	64.22	65.45	66.69	67.92
20	62.40	63.70	65 »	66.30	67.60	68.90	70.20	71.50
21	65.52	66.88	68.25	69.61	70.98	72.34	73.71	75.07
22	68.64	70.07	71.50	72.93	74.36	75.79	77.22	78.65
23	71.76	73.25	74.75	76.24	77.74	79.23	80.73	82.22
24	74.88	76.44	78 »	79.56	81.12	82.68	84.24	85.80
25	78 »	79.62	81.25	82.87	84.50	86.12	87.75	89.37
26	81.12	82.81	84.50	86.19	87.88	89.57	91.26	92.95
27	84.24	85.99	87.75	89.50	91.26	93.01	94.77	96.52
28	87.36	89.18	91 »	92.82	94.64	96.46	98.28	100.10
29	90.48	92.36	94.25	96.13	98.02	99.90	101.79	103.67
30	93.60	95.55	97.50	99.45	101.40	103.35	105.30	107.25
31	96.72	98.73	100.75	102.76	104.78	106.79	108.81	110.82
32	99.84	101.92	104 »	106.08	108.16	110.24	112.32	114.40
33	102.96	105.40	107.25	109.39	111.54	113.68	115.83	117.97
34	106.08	108.29	110.50	112.71	114.92	117.13	119.34	121.55
35	109 20	111.47	113.75	116.02	118.30	120.57	122.85	125.12
36	112.32	114.66	117 »	119.34	121.68	124.02	126.36	128.70
37	115.44	117.84	120.25	122.65	125.06	127.46	129.87	132.27
38	118.56	121.03	123.50	125.97	128.44	130.91	133.38	135.85
39	121.68	124.21	126.75	129.28	131.82	134.35	136.89	139.42
40	124.80	127.40	130 »	132.60	135.20	137.80	140.40	143 »
41	127.92	130.58	133.25	135.91	138.58	141.24	143.91	146.57
42	131.04	133.77	136.50	139.23	141.96	144.69	147.42	150.15
43	134.16	136.95	139.75	142.54	145.34	148.13	150.93	153.72
44	137.28	140.14	143 »	145.86	148.72	151.58	154.44	157.30
45	140.40	143.32	146.25	149.47	152.40	155.02	157.95	160.87
46	143.52	146.51	149.50	152.49	155.48	158.47	161.46	164.45

PRIX Piastres le métal.	14	14 1/4	14 1/2	14 3/4	15	15 1/4	15 1/2	15 3/4
16	58.24	59.28	60.32	61.36	62.40	63.44	64.48	65.52
17	61.88	62.98	64.09	65.19	66.30	67.40	68.51	69.61
18	65.52	66.69	67.86	69.03	70.20	71.37	72.54	73.71
19	69.16	70.39	71.63	72.86	74.10	75.33	76.57	77.80
20	72.80	74.10	75.40	76.70	78 »	79.30	80.60	81.90
21	76.44	77.80	79.17	80.53	81.90	83.26	84.63	85.99
22	80.08	81.51	82.94	84.37	85.80	87.23	88.66	90.09
23	83.72	85.21	86.71	88.20	89.70	91.19	92.69	94.18
24	87.36	88.92	90.48	92.04	93.60	95.16	96.72	98.28
25	91 »	92.62	94.25	95.87	97.50	99.12	100.75	102.37
26	94.64	96.33	98.02	99.71	101.40	103.09	104.78	106.47
27	98.28	100.03	101.79	103.54	105.36	107.05	108.81	110.56
28	101.92	103.74	105.56	107.38	109.20	111.02	112.84	114.66
29	105.56	107.44	109.33	111.21	113.40	114.98	116.87	118.75
30	109.20	111.15	113.40	115.05	117 »	118.95	120.90	122.85
31	112.84	114.85	116.87	118.88	120.90	122.91	124.93	126.94
32	116.48	118.56	120.64	122.72	124.80	126.88	128.96	131.04
33	120.12	122.26	124.41	126.55	128.70	130.84	132.99	135.13
34	123.76	125.97	128.18	130.39	132.60	134.81	137.02	139.23
35	127.40	129.67	131.95	134.22	136.50	138.77	141.05	143.32
36	131.04	133.38	135.72	138.06	140.40	142.74	145.08	147.42
37	134.68	137.08	139.49	141.89	144.30	146.70	149.11	151.51
38	138.32	140.79	143.26	145.73	148.20	150.67	153.14	155.61
39	141.96	144.49	147.03	149.56	152.10	154.63	157.17	159.70
40	145.60	148.20	150.80	153.40	156 »	158.60	161.20	163.80
41	149.24	151.90	154.57	157.23	159.90	162.56	165.23	167.89
42	152.88	155.61	158.34	161.07	163.80	166.53	169.26	171.99
43	156.52	159.31	162.11	164.90	167.70	170.49	173.29	176.08
44	160.16	163.02	165.88	168.74	171.60	174.46	177.32	180.18
45	163.80	166.72	169.65	172.57	175.50	178.42	181.35	184.27
46	167.44	170.43	173.42	176.44	179.40	182.39	185.38	188.37

OBSERVATIONS.

Changes — 12 à 16 sous de France = 1 piastre.

BASES DES CALCULS.

Métaux 3 1/3 = 64 litres, millerole de Marseille.

1 hectolitre = métaux 5.20.

1 mét. : 16 piastres : : mét. 5.20 : X = piastres 83.20.

1 piastre : fr. 0.60 : : piastres 83 20 : X = fr. 49.92.

NOTE. — Tous les revients ci-contre sont calculés de prix à prix, d'après les bases ci-dessus; les frais, que nous allons simplement indiquer, seront ajoutés par le lecteur, qui aura soin de s'assurer qu'il ne soit survenu quelque changement dans les droits d'entrée ou de sortie.

FRAIS DE TUNIS.

Tiskara ou droit de sortie P^ies 2.57

Frais divers............ 45

Censerie 1/2 %

Commission 1 1/2 % à 2 %

On peut évaluer tous ces frais de piastres 3 1/2 à 4.

Il faut ajouter le fret et l'assurance.

Pour les droits d'entrée en France, voyez les tableaux pour Marseille.

NOTE. — A Tunis on traite souvent du prix des huiles au métal de Sousse, et pour lors c'est au tableau de Sousse qu'il faut s'en rapporter.

CHANGES

Piastres le métal.	12	12 1/4	12 1/2	12 3/4	13	13 1/4	13 1/2	13 3/4	14	14 1/4	14 1/2	14 3/4	15	15 1/4	15 1/2	15 3/4
	francs l'hectolitre.	francs l'hectolitre.	francs l'hectolitre.	francs l'hectolitre.	francs l'hectolitre.	francs l'hectolitre.	francs l'hectolitre.	francs l'hectolitre.	francs l'hectolitre.	francs l'hectolitre.	francs l'hectolitre.	francs l'hectolitre.	francs l'hectolitre.	francs l'hectolitre.	francs l'hectolitre.	francs l'hectolitre.
20	49.92	50.96	52 »	53.04	54.08	55.12	56.16	57.20	58.24	59.28	60.32	61.36	62.40	63.44	64.48	65.52
21	52.41	53.50	54.60	55.69	56.78	57.87	58.96	60.06	61.15	62.24	63.33	64.42	65.52	66.64	67.70	68.79
22	54.91	56.05	57.20	58.34	59.48	60.63	61.77	62.92	64.06	65.20	66.35	67.49	68.64	69.78	70.92	72.07
23	57.40	58.60	59.80	60.99	62.19	63.38	64.58	65.78	66.97	68.17	69.36	70.56	71.76	72.95	74.15	75.34
24	59.90	61.15	62.40	63.64	64.89	66.14	67.39	68.64	69.88	71.13	72.38	73.63	74.88	76.12	77.37	78.62
25	62.40	63.70	65 »	66.30	67.60	68.90	70.20	71.50	72.80	74.10	75 40	76.70	78 »	79.30	80.60	81.90
26	64.89	66.24	67.60	68.95	70.30	71.65	73 »	74.36	75.71	77.06	78.44	79.76	81.12	82.47	83.82	85.47
27	67.39	68.79	70.20	71.60	73 »	74.44	75.81	77.22	78.62	80.02	81.43	82.83	84.24	85.64	87.04	88.45
28	69.88	71.34	72.80	74.25	75.71	77.16	78.62	80.08	81.53	82.99	84.44	85.90	87.36	88.81	90.27	91.72
29	72.38	73.89	75.40	76.90	78.41	79.92	81.43	82.94	84.44	85.95	87.46	88.97	90.48	91.98	93.49	95 »
30	74.88	76.44	78 »	79.56	81.12	82.68	84.24	85.80	87.36	88.92	90.48	92.04	93.60	95.16	96.72	98.28
31	77.37	78.98	80.60	82.21	83.82	85.43	87.04	88.66	90.27	91.88	93.49	95.10	96.72	98.33	99.94	101.55
32	79.87	81.53	83.20	84.86	86.52	88.19	89.85	91.52	93.18	94.84	96.51	98.17	99.84	101.50	103.16	104.83
33	82.36	84.08	85.80	87.51	89.23	90.94	92.66	94.38	96.09	97.81	99.52	101.24	102.96	104.67	106.39	108.40
34	84.86	86.63	88.40	90.16	91.93	93.70	95.47	97.24	99 »	100.77	102.54	104.31	106.08	107.84	109.61	111.38
35	87.36	89.18	91 »	92.82	94.64	96.46	98.28	100.40	101.92	103.74	105.56	107.38	109.20	111.02	112.84	114.66
36	89.85	91.72	93.60	95.47	97.34	99.21	101.08	102.96	104.83	106.70	108.57	110.44	112.32	114.19	116.06	117.93
37	92.35	94.27	96.20	98.12	100.04	101.97	103.89	105.82	107.74	109.66	111.59	113.51	115.44	117.36	119.28	121.21
38	94.84	96.82	98.80	100.77	102.75	104.72	106.70	108.68	110.65	112.63	114.60	116.58	118.56	120.53	122.51	124.48
39	97.34	99.37	101.40	103.42	105.45	107.48	109.51	111.54	113.56	115.59	117.62	119.65	121.68	123.70	125.73	127.76
40	99.84	101.92	104 »	106.08	108.16	110.24	112.32	114.40	116.48	118.56	120.64	122.72	124.80	126.88	128.96	131.04
41	102.33	104.46	106.60	108.73	110.86	112.99	115.12	117.26	119.39	121.52	123.65	125.78	127.92	130.05	132.18	134.31
42	104.83	107.01	109.20	111.38	113.56	115.75	117.93	120.12	122.30	124.48	126.67	128.85	131.04	133.22	135.40	137.59
43	107.32	109.56	111.80	114.03	116.27	118.50	120.74	122.98	125.21	127.45	129.68	131.92	134.16	136.39	138.63	140.86
44	109.82	112.11	114.40	116.68	118 97	121.26	123.55	125.84	128.12	130.44	132.70	134.99	137.28	139.56	141.85	144.14
45	112.32	114.66	117 »	119.34	121.68	124.02	126.36	128.70	131.04	133.38	135.72	138.06	140.40	142.74	145.08	147.42
46	114.81	117.20	119.60	121.99	124.38	126.77	129.16	131.56	133.95	136.34	138.73	141.12	143.52	145.91	148.30	150.69
47	117.31	119.75	122.20	124.64	127.08	129.53	131.97	134.42	136.86	139.30	141.75	144.19	146.64	149.08	151.52	153.97
48	119.80	122.30	124.80	127.29	129.79	132.28	134.78	137.28	139.77	142.27	144.76	147.26	149.76	152.25	154.75	157.24
49	122.30	124.85	127.40	129.94	132.49	135.04	137.59	140.14	142.68	145.23	147.78	150.33	152.88	155.42	157.97	160.52
50	124.80	127.40	130 »	132.60	135.20	137.80	140.40	143 »	145.60	148.20	150.80	153.40	156 »	158.60	161.20	163.80

OBSERVATIONS.

Changes — 12 à 16 sous de France = 1 piastre.

BASES DES CALCULS.

Métaux 2 2/3 = 64 litres, millerole de Marseille.

1 hectolitre = métaux 4.16

1 mét. : piastres 20 : : mét. 4.16 : X = piastres 83.32.

1 piastre : fr. 0.60 : : piastres 83.32 : X = fr. 49.92.

FRAIS DE SOUSSE.

Tiskara ou droit de sortie   Pires 3.75
Frais d'embarquement....   50
Censerie 1/2 %
Envoi de fonds de Tunis 1/4 %
Commission 1 1/2 à 2 %

On évalue ordinairement tous les frais de piastres 4 1/2 à 5 par métal.

Il faut compter le fret, l'assurance et ensuite les droits d'entrée et les frais de débarquement en France. Voir les *observations* dans les tableaux pour Marseille.

Tous ces revients ont été calculés de prix à prix, d'après les bases ci-dessus ; les frais, dont nous donnons un aperçu, seront ajoutés au prix de revient par le lecteur, qui aura soin de s'assurer qu'il ne soit survenu quelque changement dans les droits d'entrée.

CHANGES

PRIX — Piastres le métal.	12	12 1/4	12 1/2	12 3/4	13	13 1/4	13 1/2	13 3/4	14	14 1/4	14 1/2	14 3/4	15	15 1/4	15 1/2	15 3/4
	francs l'hectolitre.	francs l'hectolitre.	francs l'hectolitre.	francs l'hectolitre.	francs l'hectolitre.	francs l'hectolitre.	francs l'hectolitre.	francs l'hectolitre.	francs l'hectolitre.	francs l'hectolitre.	francs l'hectolitre.	francs l'hectolitre.	francs l'hectolitre.	francs l'hectolitre.	francs l'hectolitre.	francs l'hectolitre.
20	46.87	47.84	48.82	49.80	50.77	51.75	52.73	53.70	54.68	55.66	56.63	57.61	58.59	59.56	60.54	61.51
21	49.21	50.24	51.26	52.29	53.31	54.34	55.36	56.39	57.41	58.44	59.46	60.49	61.51	62.54	63.56	64.59
22	51.55	52.63	53.70	54.78	55.85	56.92	58 »	59.07	60.15	61.22	62.30	63.37	64.44	65.52	66.58	67.67
23	53.90	55.02	56.14	57.27	58.39	59.51	60.64	61.76	62.88	64 »	65.13	66.25	67.37	68.50	69.61	70.74
24	56.24	57.41	58.58	59.76	60.93	62.10	63.27	64.44	65.62	66.79	67.96	69.13	70.30	71.47	72.64	73.82
25	58.59	59.84	61.03	62.25	63.47	64.69	65.91	67.13	68.35	69.57	70.79	72.01	73.23	74.45	75.66	76.89
26	60.93	62.20	63.47	64.74	66.01	67.28	68.55	69.81	71.08	72.35	73.62	74.89	76.16	77.43	78.69	79.97
27	63.27	64.59	65.91	67.23	68.55	69.86	71.18	72.50	73.82	75.14	76.46	77.77	79.09	80.41	81.72	83.05
28	65.62	66.98	68.35	69.72	71.08	72.45	73.82	75.18	76.55	77.92	79.29	80.65	82.02	83.39	84.74	86.12
29	67.96	69.38	70.79	72.21	73.62	75.04	76.45	77.87	79.29	80.70	82.12	83.53	84.95	86.37	87.77	89.20
30	70.30	71.77	73.23	74.70	76.16	77.63	79.09	80.56	82.02	83.49	84.95	86.41	87.88	89.34	90.80	92.27
31	72.65	74.16	75.67	77.19	78.70	80.21	81.73	83.24	84.76	86.27	87.78	89.30	90.81	92.32	93.83	95.35
32	74.99	76.55	78.11	79.68	81.24	82.80	84.36	85.93	87.49	89.05	90.61	92.18	93.74	95.30	96.85	98.43
33	77.33	78.94	80.56	82.17	83.78	85.39	87 »	88.64	90.22	91.83	93.45	95.06	96.67	98.28	99.88	101.50
34	79.68	81.34	83 »	84.66	86.32	87.98	89.64	91.30	92.96	94.62	96.28	97.94	99.60	101.26	102.94	104.58
35	82.02	83.73	85.44	87.15	88.86	90.57	92.27	93.98	95.69	97.40	99.11	100.82	102.52	104.24	105.93	107.65
36	84.36	86.12	87.88	89.64	91.40	93.15	94.91	96.67	98.43	100.18	101.94	103.70	105.45	107.21	108.96	110.73
37	86.71	88.51	90.32	92.13	93.93	95.74	97.55	99.35	101.16	102.97	104.77	106.58	108.38	110.19	111.99	113.80
38	89.05	90.91	92.76	94.62	96.47	98.33	100.18	102.04	103.89	105.75	107.60	109.46	111.31	113.17	115.02	116.88
39	91.40	93.30	95.20	97.11	99.01	100.92	102.82	104.72	106.63	108.53	110.44	112.34	114.24	116.15	118.04	119.96
40	93.74	95.69	97.64	99.60	101.55	103.50	105.46	107.41	109.36	111.32	113.27	115.22	117.27	119.13	121.07	123.03
41	96.09	98.08	100.09	102.09	104.09	106.09	108.09	110.09	112.10	114.10	116.10	118.10	120.10	122.11	124.10	126.11
42	98.43	100.48	102.53	104.58	106.63	108.68	110.73	112.78	114.83	116.88	118.93	120.98	123.03	125.08	127.12	129.18
43	100.77	102.87	104.97	107.07	109.17	111.27	113.37	115.46	117.57	119.66	121.76	123.86	125.96	128.06	130.15	132.26
44	103.12	105.26	107.44	109.56	111.71	113.85	116 »	118.15	120.30	122.45	124.60	126.74	128.89	131.04	133.18	135.34
45	105.46	107.65	109.85	112.05	114.25	116.44	118.64	120.84	123.03	125.23	127.43	129.62	131.82	134.02	136.21	138.41
46	107.80	110.05	112.29	114.54	116.78	119.03	121.28	123.52	125.77	128.01	130.26	132.50	134.75	137 »	139.23	141.49
47	110.15	112.44	114.73	117.03	119.32	121.62	123.91	126.21	128.50	130.80	133.09	135.38	137.68	139.98	142.26	144.56
48	112.49	114.83	117.17	119.52	121.86	124.21	126.55	128.89	131.24	133.58	135.92	138.27	140.61	142.95	145.29	147.64
49	114.84	117.22	119.61	122.01	124.40	126.79	129.18	131.58	133.97	136.36	138.75	141.15	143.54	145.93	148.31	150.72
50	117.18	119.62	122.06	124.50	126.94	129.38	131.82	134.26	136.71	139.15	141.59	144.03	146.47	148.91	151.35	153.79

OBSERVATIONS.

Changes — 12 à 16 sous de France = 1 piastre.

BASES DES CALCULS.

Métaux 2 1/2 = 6 litres, millerolle de Marseille.

1 hectolitre = métal 3.906.

1 métal : 20 piastres :: mét. 3.906 :
X = piastres 78.12.

1 piastre : fr. 0.60 :: piastres 78.12 :
X = fr. 46.87.

1 sous de France étant égal à 5 cent.
12 sous valent 60 centimes.

FRAIS DE MÉDIE.

Tiskara, ou droit de sortie   P. 4.
Frais d'embarquement   50
Envoi de fonds de Tunis 1/4 0/0
Censerie 1/2 0/0.
Commission 1 à 2 0/0.

On calcule ordinairement tous ces frais de piastres 4 1/2 à 5 par métal.

Par un abus inqualifiable les Tunisiens, en 1858, ont envoyé des huiles à Marseille ayant 8 à 10 % de fonds, ce qui a déjoué tous les calculs. Pour éviter ces inconvénients, autant que possible, il faut avoir soin, en transmettant des ordres de demander des huiles sans gros fonds.

Tous ces comptes ont été établis de prix à prix. Nous laissons les frais à l'intelligence de nos lecteurs.

CHANGES

Piastres le métal.	12	12 1/4	12 1/2	12 3/4	13	13 1/4	13 1/2	13 3/4	14	14 1/4	14 1/2	14 3/4	15	15 1/4	15 1/2	15 3/4
	francs l'hectolitre.	francs l'hectolitre.	francs l'hectolitre.	francs l'hectolitre.	francs l'hectolitre.	francs l'hectolitre.	francs l'hectolitre.	francs l'hectolitre.	francs l'hectolitre.	francs l'hectolitre.	francs l'hectolitre.	francs l'hectolitre.	francs l'hectolitre.	francs l'hectolitre.	francs l'hectolitre.	francs l'hectolitre.
20	43.74	44.65	45.56	46.47	47.38	48.29	49.20	50.11	51.03	51.94	52.85	53.76	54.67	55.58	56.49	57.40
21	45.92	46.88	47.84	48.79	49.75	50.71	51.66	52.62	53.58	54.53	55.49	56.45	57.40	58.36	59.32	60.27
22	48.11	49.11	50.11	51.12	52.12	53.12	54.12	55.13	56.13	57.13	58.13	59.13	60.14	61.14	62.14	63.14
23	50.30	51.34	52.39	53.44	54.49	55.54	56.58	57.63	58.68	59.73	60.78	61.82	62.87	63.92	64.97	66.01
24	52.48	53.58	54.67	55.76	56.86	57.95	59.04	60.14	61.23	62.32	63.42	64.51	65.60	66.70	67.79	68.89
25	54.67	55.81	56.95	58.09	59.23	60.37	61.50	62.64	63.78	64.92	66.06	67.20	68.34	69.48	70.62	71.76
26	56.86	58.04	59.23	60.44	61.60	62.78	63.96	65.15	66.33	67.52	68.70	69.89	71.07	72.26	73.44	74.63
27	59.04	60.27	61.50	62.73	63.96	65.19	66.42	67.66	68.89	70.12	71.35	72.58	73.81	75.04	76.27	77.50
28	61.23	62.51	63.78	65.06	66.33	67.61	68.88	70.16	71.44	72.71	73.99	75.26	76.54	77.82	79.09	80.37
29	63.42	64.74	66.06	67.38	68.70	70.02	71.35	72.67	73.99	75.31	76.63	77.95	79.27	80.59	81.92	83.24
30	65.61	66.97	68.34	69.70	71.07	72.44	73.81	75.47	76.54	77.91	79.27	80.64	82.01	83.37	84.74	86.11
31	67.79	69.20	70.62	72.03	73.44	74.85	76.27	77.68	79.09	80.51	81.92	83.33	84.74	86.15	87.57	88.98
32	69.98	71.44	72.89	74.35	75.81	77.27	78.73	80.18	81.64	83.40	84.56	86.02	87.47	88.93	90.39	91.85
33	72.17	73.67	75.17	76.68	78.18	79.68	81.19	82.69	84.19	85.70	87.20	88.70	90.21	91.71	93.21	94.72
34	74.35	75.90	77.45	79 »	80.55	82.10	83.65	85.20	86.75	88.30	89.84	91.39	92.94	94.49	96.04	97.59
35	76.54	78.13	79.73	81.32	82.92	84.51	86.11	87.70	89.30	90.89	92.49	94.08	95.68	97.27	98.86	100.46
36	78.73	80.37	82.01	83.65	85.29	86.93	88.57	90.21	91.85	93.49	95.43	96.77	98.41	100.05	101.69	103.33
37	80.91	82.60	84.29	85.97	87.66	89.34	91.03	92.71	94.40	96.09	97.77	99.46	101.14	102.83	104.51	106.20
38	83.10	84.83	86.56	88.29	90.03	91.76	93.49	95.22	96.95	98.68	100.41	102.14	103.88	105.61	107.34	109.07
39	85.29	87.06	88.84	90.62	92.39	94.17	95.95	97.73	99.50	101.28	103.06	104.83	106.61	108.39	110.16	111.94
40	87.48	89.30	91.12	92.94	94.76	96.59	98.41	100.23	102.06	103.88	105.70	107.52	109.34	111.17	112.99	114.81
41	89.66	91.53	93.40	95.26	97.13	99 »	100.87	102.74	104.61	106.48	108.34	110.21	112.08	113.95	115.81	117.68
42	91.85	93.76	95.68	97.59	99.50	101.42	103.33	105.24	107.16	109.07	110.98	112.90	114.81	116.73	118.64	120.55
43	94.04	95.99	97.95	99.94	101.87	103.83	105.79	107.75	109.74	111.67	113.63	115.58	117.55	119.51	121.46	123.42
44	96.22	98.23	100.23	102.24	104.24	106.25	108.25	110.26	112.26	114.27	116.27	118.27	120.28	122.28	124.29	126.29
45	98.41	100.46	102.51	104.56	106.61	108.66	110.71	112.76	114.81	116.86	118.91	120.96	123.01	125.06	127.11	129.16
46	100.60	102.69	104.79	106.88	108.98	111.08	113.17	115.27	117.36	119.46	121.56	123.65	125.75	127.84	129.94	132.03
47	102.78	104.92	107.07	109.21	111.35	113.49	115.63	117.77	119.92	122.06	124.20	126.34	128.48	130.62	132.76	134.90
48	104.97	107.16	109.34	111.53	113.72	115.91	118.99	120.28	122.47	124.65	126.84	129.02	131.21	133.40	135.59	137.77
49	107.16	109.39	111.62	113.85	116.09	118.32	120.55	122.78	125.02	127.25	129.48	131.71	133.95	136.48	138.41	140.65
50	109.35	111.62	113.90	116.18	118.46	120.74	123.01	125.29	127.57	129.85	132.13	134.40	136.68	138.96	141.24	143.52

OBSERVATIONS.

Changes — 12 à 16 sous de France, soit 60 à 80 centimes = 1 piastre.

BASES DES CALCULS.

Métaux 2 1/3 = 1 millerolle de 64 litres
1 métal = litres 27.43.
1 hectolitre = métaux 3.645.

1 mét. : piastres 20 : : mét. 3.645 : X
= piastres 72.90.
1 piastre : fr. 0.60 : : piastres 72 90 :
X = fr. 43.74.

Les frais à Sfax sont à peu près comme à Sousse et Médie, de piastres 4 1/2 à 5 par métal.

Tous ces comptes ont été établis de prix à prix. Nous avons laissé les frais, nolis, assurance et droits d'entrée en France à l'intelligence de nos lecteurs.

Par un abus inqualifiable les Tunisiens, en 1858, ont envoyé à Marseille des huiles ayant 8 à 10 % de fonds, ce qui a déjoué tous les calculs prudentiels. Pour éviter ces inconvénients autant que possible, il faut avoir soin, en transmettant des ordres, de demander des huiles sans *gros fonds*.

4

CHANGES

PRIX Piastres le métal.	12	12 1/4	12 1/2	12 3/4	13	13 1/4	13 1/2	13 3/4	14	14 1/4	14 1/2	14 3/4	15	15 1/4	15 1/2	15 3/4
	francs la millerolle	francs la millerolle	francs la millerolle	francs la millerolle	francs la millerolle	francs la millerolle	francs la millerolle	francs la millerolle	francs la millerolle	francs la millerolle	francs la millerolle	francs la millerolle	francs la millerolle	francs la millerolle	francs la millerolle	francs la millerolle
15	30	30.62	31.25	31.87	32.50	33.12	33.75	34.37	35 »	35.62	36.25	36.87	37.50	38.12	38.75	39.37
16	32	32.66	33.33	34 »	34.66	35.33	36 »	36.66	37.33	38 »	38.66	39.33	40 »	40.66	41.33	42 »
17	34	34.70	35.41	36.12	36.83	37.54	38.25	38.95	39.66	40.37	41.08	41.79	42.50	43.20	43.91	44.62
18	36	36.74	37.49	38.25	38.99	39.74	40.50	41.24	42 »	42.75	43.49	44.24	45 »	45.74	46.50	47.25
19	38	38.79	39.58	40.37	41.16	41.95	42.75	43.54	44.33	45.12	45.91	46.70	47.50	48.29	49.08	49.87
20	40	40.83	41.66	42.50	43.33	44.16	45 »	45.83	46.66	47.50	48 33	49.16	50 »	50.83	51.66	52.50
21	42	42.87	43.74	44.62	45.49	46.37	47 25	48.12	49 »	49.87	50.74	51.62	52.50	53.37	54.25	55.12
22	44	44.91	45.83	46.75	47.66	48.58	49.50	50.41	51.33	52.25	53.16	54.08	55 »	55.91	56.83	57.75
23	46	46.95	47.91	48.87	49.83	50.79	51.75	52.70	53.66	54.62	55.58	56.54	57.50	58.45	59.41	60.37
24	48	48.99	49.99	51 »	51.99	52.99	54 »	54.99	56 »	57 »	57.99	58.99	60 »	60.99	62 »	63 »
25	50	51.04	52.08	53.12	54.16	55.20	56.25	57.29	58.33	59.37	60.41	61.45	62.50	63.54	64.58	65.62
26	52	53.08	54.16	55.25	56.33	57.41	58.50	59.58	60.66	61.75	62.83	63.91	65 »	66.08	67.16	68.25
27	54	55.12	56.24	57.37	58.49	59.62	60.75	61.87	63 »	64.12	65.24	66.37	67.50	68.62	69.75	70.87
28	56	57.16	58.33	59.50	60.66	61.83	63 »	64 16	65.33	66.50	67.66	68.83	70 »	71.16	72.33	73.50
29	58	59.20	60.41	61.62	62.83	64.04	65.25	66.45	67.66	68.87	70.08	71.29	72.50	73.70	74.91	76.12
30	60	61.24	62 49	63.75	64.99	66.24	67.50	68.74	70 »	71.25	72.49	73.74	75 »	76.24	77.50	78.75
31	62	63.29	64.58	65.87	67.16	68.45	69.75	71.04	72.33	73.62	74.91	76.20	77.50	78.79	80.08	81.37
32	64	65.33	66.66	68 »	69.33	70.66	72 »	73.33	74.66	76 »	77.33	78.66	80 »	81.33	82.66	84 »
33	66	67.37	68.74	70.12	71.49	72.87	74.25	75.62	77 »	78.37	79.74	81.12	82.50	83.87	85.25	86.62
34	68	69.41	70.83	72.25	73.66	75.08	76.50	77.91	79.33	80.75	82.16	83.58	85 »	86.41	87.83	89.25
35	70	71.45	72.91	74.37	75.83	77.29	78.75	80.20	81.66	83.12	84.58	86.04	87.50	88.95	90.41	91.87
36	72	73.49	74.99	76.50	77.99	79.49	81 »	82.49	84 »	85.50	86.99	88.49	90 »	91.49	93 »	94.50
37	74	75.54	77.08	78.62	80.16	81.70	83.25	84.79	86.33	87.87	89.41	90.95	92.50	94.04	95.58	97.12
38	76	77.58	79.16	80.75	82.33	83.91	85.50	87.08	88.66	90.25	91.83	93.41	95 »	96.58	98.16	99.75
39	78	79.62	81.24	82.87	84 49	86.12	87 75	89.37	91 »	92.62	94.24	95.87	97.50	99.12	100.75	102.37
40	80	81.66	83.33	85 »	86.66	88.33	90 »	91.66	93.33	95 »	96.66	98.33	100 »	101.66	103.33	105 »
41	82	83.70	85.41	87.12	88.93	90.54	92.25	93.95	95.66	97.37	99.08	100.79	102.50	104.20	105.91	107.62
42	84	85.74	87.49	89.25	90.99	92.74	94.50	96.24	98 »	99.75	101.49	103.24	105 »	106.74	108.50	110.25
43	86	87.78	89.58	91.37	93.16	94.95	96.75	98.53	100.33	102.12	103.91	105.70	107.50	109.28	111.08	112.87
44	88	89.83	91.66	93.50	95.33	97.16	99 »	100.83	102.66	104.50	106.33	108.16	110 »	111.83	113.66	115.50
45	90	91.87	93 75	95.62	97.50	99.37	101.25	103.12	105 »	106.87	108.75	110.62	112.50	114.37	116.25	118.12

CHANGES

PRIX — Piastres le métal	12	12 1/4	12 1/2	12 3/4	13	13 1/4	13 1/2	13 3/4	14	14 1/4	14 1/2	14 3/4	15	15 1/4	15 1/2	15 3/4
	francs la millerolle	francs la millerolle	francs la millerolle	francs la millerolle	francs la millerolle	francs la millerolle	francs la millerolle	francs la millerolle	francs la millerolle	francs la millerolle	francs la millerolle	francs la millerolle	francs la millerolle	francs la millerolle	francs la millerolle	francs la millerolle
20	32 »	32.66	33.33	34 »	34.66	35.33	36 »	36.66	37.33	38 »	38.66	39.33	40	40.66	41.33	42 »
21	33.60	34.29	34.99	35.70	36.39	37.09	37.80	38.49	39.19	39.90	40.59	41.29	42	42.69	43.39	44.10
22	35.20	35.93	36.66	37.40	38.13	38.86	39.60	40.33	41.06	41.80	42.53	43.26	44	44.73	45.46	46.20
23	36.80	37.56	38.33	39.10	39.86	40.63	41.40	42.16	42.93	43.70	44.46	45.23	46.	46.76	47.53	48.30
24	38.40	39.19	39.99	40.80	41.59	42.39	43.20	43.99	44.79	45.60	46.39	47.19	48	48.79	49.59	50.40
25	40 »	40.83	41.66	42.50	43.33	44.16	45 »	45.83	46.66	47.50	48.33	49.16	50	50.83	51.66	52.50
26	41.60	42.46	43.33	44.20	45.06	45.93	46.80	47.66	48.53	49.40	50.26	51.13	52	52.86	53.73	54.60
27	43.20	44.09	44.99	45.90	46.79	47.69	48.60	49.49	50.39	51.30	52.19	53.09	54	54.89	55.79	56.70
28	44.80	45.73	46.66	47.60	48.53	49.46	50.40	51.33	52.26	53.20	54.13	55.06	56	56.93	57.86	58.80
29	46.40	47.36	48.33	49.30	50.26	51.23	52.20	53.16	54.13	55.10	56.06	57.03	58	58.96	59.93	60.90
30	48 »	48.99	49.99	51 »	51.99	52.99	54 »	54.99	55.99	57 »	57.99	58.99	60	60.99	61.99	63 »
31	49.60	50.63	51.66	52.70	53.73	54.76	55.80	56.83	57.86	58.90	59.93	60.96	62	63.03	64.06	65.10
32	51.20	52.26	53.33	54.40	55.46	56.53	57.60	58.66	59.73	60.80	61.86	62.93	64	65.06	66.13	67.20
33	52.80	53.89	54.99	56.10	57.19	58.29	59.40	60.49	61.59	62.70	63.79	64.89	66	67.09	68.19	69.30
34	54.40	55.53	56.66	57.80	58.93	60.06	61.20	62.33	63.46	64.60	65.73	66.86	68	69.13	70.26	71.40
35	56 »	57.16	58.33	59.50	60.66	61.83	63 »	64.16	65.33	66.50	67.66	68.83	70	71.16	72.33	73.50
36	57.60	58.79	59.99	61.20	62.39	63.59	64.80	65.99	67.19	68.40	69.59	70.79	72	73.19	74.39	75.60
37	59.20	60.43	61.66	62.90	64.13	65.36	66.60	67.83	69.06	70.30	71.53	72.76	74	75.23	76.46	77.70
38	60.80	62.06	63.33	64.60	65.86	67.13	68.40	69.66	70.93	72.20	73.46	74.73	76	77.26	78.53	79.80
39	62.40	63.69	64.99	66.30	67.59	68.89	70.20	71.49	72.79	74.10	75.39	76.69	78	79.29	80.59	81.90
40	64 »	65.33	66.66	68 »	69.33	70.66	72 »	73.73	74.66	76 »	77.33	78.66	80	81.33	82.66	84 »
41	65.60	66.96	68.33	69.70	71.06	72.43	73.80	75.16	76.53	77.90	79.26	80.63	82	83.36	84.73	86.10
42	67.20	68.59	69.99	71.40	72.79	74.19	75.60	76.99	78.39	79.80	81.19	82.59	84	85.39	86.79	88.20
43	68.80	70.23	71.66	73.10	74.53	75.96	77.40	78.83	80.26	81.70	83.13	84.56	86	87.43	88.86	90.30
44	70.40	71.86	73.33	74.80	76.26	77.73	79.20	80.66	82.13	83.60	85.06	86.53	88	89.46	90.93	92.40
45	72 »	73.49	74.99	76.50	77.99	79.49	81 »	82.49	83.99	85.50	86.99	88.49	90	91.49	92.99	94.50
46	73.60	75.13	76.66	78.20	79.73	81.26	82.80	84.33	85.86	87.40	88.93	90.46	92	93.53	95.06	96.60
47	75.20	76.76	78.33	79.90	81.46	83.03	84.60	86.16	87.73	89.30	90.86	92.43	94	95.56	97.43	98.70
48	76.80	78.39	79.99	81.60	83.19	84.79	86.40	87.99	89.59	91.20	92.79	94.39	96	97.59	99.49	100.80
49	78.40	80.03	81.66	83.30	84.93	86.56	88.20	89.83	91.46	93.10	94.73	96.36	98	99.63	101.26	102.90
50	80 »	81.66	83.33	85 »	86.66	88.33	90 »	91.66	93.33	95 »	96.66	98.33	100	101.66	103.33	105 »

OBSERVATIONS.

Changes — 12 à 16 sous de France, soit 60 à 80 centimes pour une piastre.
(Un sou = 5 centimes.)

BASES DES CALCULS.

Métaux 2 2/3 = 1 millerolle de 64 litres.
1 métal = litres 24.
1 hectolitre = métaux 4.16.

1 métal : piastres 20 : : mèt 2 2/3 : X = piastres 53.33.
1 piastre : 60 cent. : : piastres 53.33 : X = francs 32.

Tous ces comptes ont été établis de prix à prix pour les rendre invariables.

FRAIS DE SOUSSE.
Piastres 4 1/2 à 5 par métal, suivant détail page 23.
FRAIS A MARSEILLE.
Fr. 12.82 environ par millerolle, suivant détail page 26.

plus : Censerie...... 1/3 %
Assurance .... 1 %
Commission... 2 %
 3 1/3 %

En comptant sur ces frais le lecteur aura soin de s'assurer qu'il n'est survenu aucun changement, surtout dans les droits.

CHANGES

PRIX	173	174	175	176	177	178	179	180	181	182	183	184	185	186	187	188
Piastres les 44 ocq.	francs l'hectolitre.	francs l'hectolitre.	francs l'hectolitre.	francs l'hectolitre.	francs l'hectolitre.	francs l'hectolitre.	francs l'hectolitre.	francs l'hectolitre.	francs l'hectolitre.	francs l'hectolitre.	francs l'hectolitre.	francs l'hectolitre.	francs l'hectolitre.	francs l'hectolitre.	francs l'hectolitre.	francs l'hectolitre.
140	55.17	54.85	54.54	54.23	53.92	53.62	53.32	53.03	52.73	52.44	52.16	51.87	51.59	51.31	51.04	50.77
145	57.14	56.81	56.49	56.17	55.85	55.54	55.23	54.92	54.62	54.32	54.02	53.73	53.43	53.15	52.86	52.58
150	59.11	58.77	58.44	58.10	57.78	57.45	57.13	56.81	56.50	56.19	55.88	55.58	55.28	54.98	54.69	54.40
155	61.08	60.73	60.38	60.04	59.70	59.37	59.04	58.71	58.38	58.06	57.74	57.43	57.12	56.81	56.51	56.21
160	63.05	62.69	62.33	61.98	61.63	61.28	60.94	60.60	60.27	59.93	59.61	59.28	58.96	58.65	58.33	58.02
165	65.02	64.65	64.28	63.92	63.55	63.20	62.84	62.49	62.15	61.81	61.47	61.14	60.81	60.48	60.16	59.84
170	66.99	61.64	66.23	65.85	65.48	65.11	64.75	64.39	64.03	63.68	63.33	62.99	62.65	62.31	61.98	61.65
175	68.96	68.57	68.18	67.79	67.41	67.03	66.65	66.28	65.92	65.55	65.20	64.84	64.49	64.14	63.80	63.46
180	70.94	70.53	70.12	69.73	69.33	68.94	68.56	68.18	67.80	67.43	67.06	66.69	66.33	65.98	65.62	65.28
185	72.91	72.49	72.07	71.66	71.26	70.86	70.46	70.07	69.68	69.30	68.92	68.55	68.18	67.81	67.45	67.09
190	74.88	74.45	74.02	73.60	73.18	72.77	72.37	71.96	71.57	71.17	70.78	70.40	70.02	69.64	69.27	68.90
195	76.85	76.41	75.97	75.54	75.11	74.69	74.27	73.86	73.45	73.05	72.65	72.25	71.86	71.48	71.09	70.71
200	78.82	78.36	77.92	77.47	77.04	76.60	76.18	75.75	75.33	74.92	74.51	74.10	73.70	73.31	72.92	72.53
205	80.79	80.32	79.86	79.41	78.96	78.52	78.08	77.65	77.22	76.79	76.37	75.96	75.55	75.14	74.74	74.34
210	82.76	82.28	81.81	81.35	80.89	80.43	79.98	79.54	79.10	78.67	78.24	77.81	77.39	76.97	76.56	76.15
215	84.73	84.24	83.76	83.28	82.81	82.35	81.89	81.43	80.98	80.54	80.10	79.66	79.23	78.80	78.39	77.97
220	86.70	86.20	85.74	85.22	84.74	84.26	83.79	83.33	82.87	82.41	81.96	81.52	81.08	80.64	80.21	79.78
225	88.67	88.16	87.66	87.16	86.67	86.18	85.70	85.22	84.75	84.29	83.82	83.37	82.92	82.47	82.03	81.59
230	90.64	90.12	89.60	89.09	88.59	88.09	87.60	87.12	86.63	86.16	85.69	85.22	84.76	84.31	83.85	83.41
235	92.61	92.08	91.55	91.03	90.52	90.04	89.54	89.04	88.54	88.03	87.55	87.07	86.60	86.14	85.68	85.22
240	94.58	94.04	93.50	92.97	92.44	91.93	91.41	90.90	90.40	89.90	89.41	88.93	88.45	87.97	87.50	87.03
245	96.55	96	95.45	94.91	94.37	93.84	93.32	92.80	92 28	91.78	91.27	90.78	90.29	89.80	89.32	88.85
250	98.52	97.96	97.40	96.84	96.30	95.76	95.22	94.69	94.16	93.65	93.14	92.63	92.13	91.64	91.15	90.66
255	100.49	99.92	99.34	98.78	98.22	97.67	97.13	96.59	96.05	95.52	95	94.48	93.97	93.47	92.97	92.47
260	102.46	101.87	101.29	100.72	100.15	99.59	99.03	98.48	97.93	97.40	96.86	96.34	95.82	95.30	94.79	94.29
265	104.43	103.83	103.24	120.65	102.07	101.50	100.93	100.37	99.81	99.27	98.73	98.19	97.66	97.13	96.62	96.10
270	106.40	105.79	105.19	104.59	104	103.42	102.84	102.27	101.70	101.14	100.59	100.04	99.50	98.97	98.44	97.91
275	108.37	107.75	107.14	106.53	105.93	105.33	104.74	104.16	103.58	103.02	102.45	101.90	101.34	100.80	100.26	99.73
280	110.35	109.71	109.08	108.46	107.85	107.25	106.65	106.05	105.46	104.89	104.31	103.75	103.19	102.63	102.08	101.54
285	112.32	111.67	111.03	110.40	109.78	109.16	108.55	107.95	107.35	106.76	106.18	105.60	105.03	104.47	103.94	103.35
290	114.29	113.63	112.98	112.34	111.71	111.08	110.46	109.84	109.24	108.64	108.04	107.46	106.87	106.30	105.73	105.17

OBSERVATIONS.

Changes — 173 à 188 parà = 1 fr.
40 parà = 1 piastre.

BASES DES CALCULS.

1 quintal.......... = 44 ocques.
48 ocques... ...... = 64 litres.
1 hectolitre.. ...... = 75 ocques.

44 ocques : piastres 140 : : 75 ocques:
     X = piastres 238.63.
1 piastre : 40 parà : : piastres 238.63 :
     X = parà 9545.
173 parà : 1 fr. : : parà 9545 : X =
     fr. 55.17.

Tous ces comptes ont été établis de prix à prix, comme tous les autres. Nous laissons les nolis, droits, frais, assurance, à l'intelligence de nos lecteurs qui doivent s'en rapporter au cours du jour et qui peuvent consulter au besoin le *Manuel commercial.*

On évalue les frais d'Aivaly à 3 piastres environ par quintal de 44 ocques, plus 1 0/0 de commission à Aivaly, et 2 0/0 de commission à Smyrne.

Pour les droits et frais en France on peut voir le détail au tableau TUNIS ET MARSEILLE.

A Métclin, Adramiti, dans le golfe de Volo et dans toute la Syrie, on vend l'huile à l'ocque ou au quintal de 44 ocques ; ainsi, la monnaie étant la même, on peut se servir de ce tableau pour tous ces pays.

CHANGES

PRIX Piastres et parà l'ocque.	173 francs l'hectolitre.	174 francs l'hectolitre.	175 francs l'hectolitre.	176 francs l'hectolitre.	177 francs l'hectolitre.	178 francs l'hectolitre.	179 francs l'hectolitre.	180 francs l'hectolitre.	181 francs l'hectolitre.	182 francs l'hectolitre.	183 francs l'hectolitre.	184 francs l'hectolitre.	185 francs l'hectolitre.	186 francs l'hectolitre.	187 francs l'hectolitre.	188 francs l'hectolitre.
3 »	52.02	54.72	54.42	51.13	50.84	50.56	50.28	50 »	49.72	49.45	49.18	48.91	48.64	48.38	48.12	47.87
3.05	54.19	53.87	53.57	53.26	52.96	52.66	52.37	52.08	51.79	51.51	51.22	50.95	50.67	50.40	50.13	49.86
3.10	56.35	56.03	55.74	55.39	55.08	54.77	54.47	54.16	53.86	53.57	53.27	52.98	52.70	52.41	52.13	51.86
3.15	58.52	58.18	57.85	57.52	57.20	56.88	56.56	56.25	55.93	55.63	55.32	55.02	54.72	54.43	54.14	53.85
3.20	60.69	60.34	59.99	59.65	59.32	58.98	58.66	58.33	58.04	57.69	57.37	57.06	56.75	56.45	56.14	55.85
3.25	62.86	62.49	62.14	61.79	61.44	61.09	60.75	60.44	60.08	59.75	59.42	59.40	58.78	58.46	58.15	57.84
3.30	65.02	64.65	64.28	63.92	63.55	63.20	62.85	62.50	62.15	61.81	61.47	61.14	60.81	60.48	60.16	59.84
3.35	67.19	66.81	66.42	66.05	65.67	65.30	64.94	64.58	64.22	63.87	63.52	63.17	62.83	62.49	62.16	61.83
4 »	69.36	68.96	68.57	68.18	67.79	67.41	67.04	66.66	66.29	65.93	65.57	65.21	64.86	64.51	64.17	63.82
4.05	71.53	71.12	70.71	70.31	69.91	69.52	69.13	68.75	68.37	67.99	67.62	67.25	66.89	66.53	66.17	65.82
4.10	73.69	73.27	72.85	72.44	72.03	71.62	71.23	70.83	70.44	70.05	69.67	69.29	68.91	68.54	68.18	67.81
4.15	75.86	75.43	74.99	74.57	74.15	73.73	73.32	72.91	72.51	72.11	71.72	71.33	70.94	70.56	70.18	69.81
4.20	78.03	77.58	77.14	76.70	76.27	75.84	75.42	75 »	74.58	74.17	73.77	73.36	72.97	72.58	72.19	71.80
4.25	80.20	79.74	79.28	78.83	78.38	77.94	77.51	77.08	76.65	76.23	75.81	75.40	74.99	74.59	74.19	73.80
4.30	82.36	81.89	81.42	80.96	80.50	80.05	79.61	79.16	78.72	78.29	77.86	77.44	77.02	76.61	76.20	75.79
4.35	84.53	84.05	83.57	83.09	82.82	82.16	81.70	81.25	80.80	80.35	79.91	79.48	79.05	78.62	78.20	77.79
5 »	86.70	86.20	85.71	85.22	84.94	84.26	83.80	83.33	82.87	82.44	81.96	81.52	81.08	80.64	80.21	79.78
5.05	88.87	88.36	87.85	87.35	87.06	86.37	85.89	85.41	84.94	84.47	84.01	83.55	83.10	82.66	82.21	81.78
5.10	91.04	90.51	89.99	89.48	89.18	88.48	87.99	87.50	87.01	86.53	86.06	85.59	85.13	84.67	84.22	83.77
5.15	93.20	92.67	92.14	91.62	91.30	90.58	90.08	89.58	89.08	88.59	88.11	87.63	87.16	86.69	86.22	85.77
5.20	95.37	94.82	94.28	93.75	93.42	92.69	92.18	91.66	91.16	90.65	90.46	89.67	89.18	88.70	88.23	87.76
5.25	97.54	96.98	96.42	95.88	95.53	94.80	94.27	93.75	93.23	92.74	92.21	91.71	91.21	90.72	90.24	89.76
5.30	99.74	99.13	98.57	98.01	97.65	96.91	96.37	95.83	95.30	94.77	94.26	93.74	93.24	92.74	92.24	91.75
5.35	101.87	101.29	100.71	100.14	99.77	99.01	98.46	97.91	97.37	96.84	96.31	95.78	95.27	94.75	94.25	93.74
6 »	104.04	103.44	102.85	102.27	101.69	101.12	100.56	100 »	99.44	98.90	98.36	97.82	97.29	96.77	96.25	95.74
6.05	106.21	105.60	104.99	104.40	103.81	103.23	102.65	102.08	101.51	100.96	100.40	99.86	99.32	98.79	98.26	97.73
6.10	108.38	107.75	107.14	106.53	105.93	105.33	104.75	104.16	103.59	103.02	102.45	101.90	101.35	100.80	100.26	99.73
6.15	110.54	109.91	109.28	108.66	108.05	107.44	106.84	106.25	105.66	105.08	104.50	103.94	103.37	102.82	102.27	101.72
6.20	112.71	112.06	111.42	110.79	110.16	109.55	108.94	108.33	107.73	107.14	106.55	105.97	105.40	104.83	104.27	103.72
6.25	114.88	114.22	113.57	112.92	112.28	111.65	111.03	110.41	109.80	109.20	108.60	108.01	107.43	106.85	106.28	105.74
6.30	117.05	116.37	115.71	115.05	114.40	113.76	113.13	112.50	111.87	111.26	110.65	110.03	109.45	108.87	108.28	107.71

OBSERVATIONS.

Changes — 173 à 188 parà = 1 franc.
1 piastre = 40 parà.

BASES DES CALCULS.

48 ocques..... = 64 litres.
1 hectolitre.. = 75 ocques.

1 ocque : piastres 3 : : 75 ocques : X = piastres 225.
1 piastre : 40 parà : : 225 piastres : X = parà 9000.
173 parà : 1 franc : : 9000 parà : X = francs 52.02.

Les droits de sortie et les frais s'élèvent à 20 piastres environ le quintal de 44 ocques, c'est-à-dire à 18 parà l'ocque, plus la commission à Smyrne. Nous ferons remarquer qu'à Échelleneuve on vend l'huile, au détail, à la piastre abusive qui vaut 9 °/. de moins que la piastre turque courante. Ceux qui auront à consulter ce tableau auront soin de tenir compte de cette circonstance, et ils voudront bien se rappeler que tous ces comptes sont établis à la monnaie courante de Constantinople et de prix à prix, comme tous les autres.

Pour les droits et pour les frais en France et en Angleterre, on pourra consulter la table TUNIS ET MARSEILLE, page 26, et le *Manuel commercial*.

Cette Table peut servir pour les échelles de Syrie et pour toutes les provinces turques où l'on vend l'huile à tant par ocque.

CHANGES

Piastres mistate.	173	174	175	176	177	178	179	180	181	182	183	184	185	186	187	188
	francs l'hectolitre.	francs l'hectolitre.	francs l'hectolitre.	francs l'hectolitre.	francs l'hectolitre.	francs l'hectolitre.	francs l'hectolitre.	francs l'hectolitre.	francs l'hectolitre.	francs l'hectolitre.	francs l'hectolitre.	francs l'hectolitre.	francs l'hectolitre.	francs l'hectolitre.	francs l'hectolitre.	francs l'hectolitre.
20	39.01	38.79	38.57	38.35	38.13	37.92	37.70	37.50	37.29	37.08	36.88	36.68	36.48	36.29	36.09	35.90
21	40.96	40.73	40.49	40.27	40.04	39.84	39.59	39.37	39.15	38.94	38.72	38.51	38.31	38.10	37.90	37.69
22	42.91	42.67	42.42	42.18	41.94	41.71	41.48	41.25	41.02	40.79	40.57	40.35	40.13	39.91	39.70	39.49
23	44.86	44.61	44.35	44.10	43.85	43.60	43.36	43.12	42.88	42.65	42.44	42.18	41.95	41.73	41.51	41.28
24	46.82	46.55	46.28	46.02	45.76	45.50	45.25	45 »	44.75	44.50	44.26	44.02	43.78	43.54	43.31	43.08
25	48.77	48.49	48.21	47.94	47.66	47.40	47.13	46.87	46.61	46.35	46.10	45.85	45.60	45.36	45.12	44.88
26	50.72	50.43	50.14	49.85	49.57	49.29	49.02	48.75	48.48	48.21	47.95	47.68	47.43	47.17	46.92	46.67
27	52.67	52.37	52.07	51.77	51.48	51.19	50.90	50.62	50.34	50.06	49.79	49.52	49.25	48.99	48.72	48.47
28	54.62	54.30	53.99	53.69	53.38	53.08	52.79	52.50	52.20	51.92	51.63	51.35	51.08	50.80	50.53	50.26
29	56.57	56.24	55.92	55.61	55.29	54.98	54.67	54.37	54.07	53.77	53.48	53.19	52.90	52.62	52.33	52.06
30	58.52	58.18	57.85	57.52	57.20	56.88	56.56	56.25	55.93	55.63	55.32	55.02	54.72	54.43	54.14	53.85
31	60.47	60.12	59.78	59.44	59.10	58.77	58.44	58.12	57.80	57.48	57.17	56.86	56.55	56.24	55.94	55.65
32	62.42	62.06	61.71	61.36	61.04	60.67	60.33	60 »	59.66	59.33	59.01	58.69	58.37	58.06	57.75	57.44
33	64.37	64 »	63.64	63.28	62.92	62.56	62.21	61.89	61.53	61.19	60.85	60.52	60.20	59.87	59.55	59.24
34	66.32	65.94	65.57	65.19	64.82	64.46	64.10	63.75	63.39	63.04	62.70	62.36	62.02	61.69	61.36	61.03
35	68.27	67.88	67.49	67.11	66.73	66.36	65.99	65.62	65.26	64.90	64.54	64.19	63.85	63.50	63.16	62.83
36	70.23	69.82	69.42	69.03	68.64	68.25	67.87	67.50	67.12	66.75	66.39	66.03	65.67	65.32	64.97	64.62
37	72.18	71.76	71.35	70.95	70.54	70.15	69.76	69.37	68.99	68.61	68.23	67.86	67.49	67.13	66.77	66.42
38	74.13	73.70	73.28	72.86	72.45	72.04	71.64	71.25	70.85	70.46	70.08	69.70	69.32	68.95	68.58	68.21
39	76.08	75.64	75.21	74.78	74.36	73.94	73.53	73.12	72.72	72.31	71.92	71.53	71.14	70.76	70.38	70.01
40	78.03	77.58	77.14	76.70	76.26	75.84	75.41	75 »	74.58	74.17	73.76	73.36	72.97	72.58	72.19	71.80
41	79.98	79.52	79.06	78.62	78.17	77.73	77.30	76.87	76.44	76.02	75.61	75.20	74.79	74.39	73.99	73.60
42	81.93	81.46	80.99	80.54	80.08	79.63	79.18	78.75	78.31	77.88	77.45	77.03	76.62	76.20	75.80	75.39
43	83.88	83.40	82.92	82.45	81.98	81.52	81.07	80.62	80.17	79.73	79.30	78.87	78.44	78.02	77.60	77.19
44	85.83	85.34	84.85	84.37	83.89	83.42	82.95	82.50	82.04	81.59	81.14	80.70	80.26	79.83	79.41	78.98
45	87.78	87.28	86.78	86.29	85.80	85.32	84.84	84.37	83.90	83.44	82.99	82.53	82.09	81.65	81.21	80.78
46	89.73	89.22	88.71	88.21	87.70	87.21	86.72	86.25	85.77	85.29	84.83	84.37	83.91	83.46	83.02	82.57
47	91.68	91.16	90.64	90.12	89.61	89.11	88.61	88.12	87.63	87.14	86.67	86.20	85.74	85.28	84.82	84.37
48	93.63	93.10	92.56	92.04	91.52	91 »	90.50	90 »	89.50	89 »	88.52	88.04	87.56	87.09	86.63	86.16
49	95.59	95.04	94.49	93.96	93.42	92.90	92.38	91.87	91.36	90.86	90.36	89.87	89.39	88.91	88.43	87.96
50	97.54	96.98	96.42	95.88	95.33	94.80	94.27	93.75	93.23	92.71	92.21	91.71	91.21	90.72	90.24	89.76

OBSERVATIONS.

Changes — 173 à 188 parà = 1 franc.
40 parà = 1 piastre.

BASES DES CALCULS.

1 mistate....... = litres 11.851.
1 hectolitre..... = mistates 8.4375.

1 mist. : piastres 20 : : mist. 8.4375
: X = piastres 168.75
1 piastre : 40 parà : : piastres 168.75
: X = parà 6750
173 parà : 1 fr. : : 6750 parà : X =
fr. 39.01.

Tous ces comptes ont été établis de prix à prix pour les rendre invariables.

Les droits et les frais de La Canée s'élèvent à piastres 4 à 4 1/2 le mistate plus 1 % de censerie et 2 % de commission.

Pour les droits et les frais en France voir le tableau TUNIS ET MARSEILLE, page 26.

A Bali, *Spinalonga* et en d'autres pays de l'Ile de Candie on vend l'huile à l'ocque dont 8.62 font un mistate de La Canée. A *Retymo* on la vend au mistate mais il est plus fort que celui de La Canée d'environ 8 %. Cinq mistates de Retymo rendent à Marseille une mille-rolle de 64 litres, tandis qu'il en faut 5 2/5 à 5 1/2 de Canée pour le même rendement.

CHANGES

PRIX Drachmes le quintal.	102	103	104	105	106	107	108	109	110	111	112	113	114	115	116	117
	francs l'hectolitre.	francs l'hectolitre.	francs l'hectolitre.	francs l'hectolitre.	francs l'hectolitre.	francs l'hectolitre.	francs l'hectolitre.	francs l'hectolitre.	francs l'hectolitre.	francs l'hectolitre.	francs l'hectolitre.	francs l'hectolitre.	francs l'hectolitre.	francs l'hectolitre.	francs l'hectolitre.	francs l'hectolitre.
40	66.84	66.19	65.55	64.93	64.32	63.72	63.13	62.55	61.98	61.42	60.87	60.33	59.80	59.28	58.77	58.27
41	68.51	67.85	67.19	66.55	65.93	65 31	64.70	64.11	63.53	62.96	62.39	61.84	61.30	60.77	60.24	59.73
42	70.18	69.50	68.83	68.18	67.53	66.90	66.28	65.67	65.08	64.49	63.92	63.35	62.79	62.25	61.71	61.18
43	71.85	71.16	70.47	69.80	69.14	68.50	67.86	67.24	66.63	66.03	65.44	64.86	64.29	63.73	63.18	62.64
44	73.52	72.81	72.11	71.42	70.75	70.09	69.44	68.80	68.18	67.56	66.96	66.37	65.78	65.21	64.65	64.10
45	75.20	74.46	73.75	73.05	72.36	71.68	71.02	70.37	69.73	69.10	68.48	67.87	67.28	66.69	66.12	65.55
46	76.87	76.12	75 39	74.67	73.97	73.27	72.60	71.93	71.28	70.63	70 »	69.38	68.77	68.18	67.59	67.01
47	78.54	77.77	77.03	76.29	75.57	74.87	74.17	73.49	72.82	72.47	71.52	70.89	70.27	69.66	69.06	68.47
48	80.21	79.43	78.67	77.92	77.18	76.46	75.75	75.06	74.37	73.70	73.05	72.40	71.77	71.44	70.53	69.92
49	81.88	81.08	80.30	79.54	78.79	78.05	77.33	76.62	75.92	75.24	74.57	73.91	73.26	72.62	72 »	71.38
50	83.55	82.74	81.94	81.16	80.40	79.65	78.91	78.19	77.47	76.78	76.09	75.42	74.76	74.11	73.47	72.84
51	85.22	84.39	83.58	82.79	82.01	81.24	80.49	79.75	79.02	78.34	77.64	76.93	76.25	75.59	74.94	74.29
52	86.89	86.05	85.22	84.41	83.64	82.83	82.06	81.31	80.57	79.85	79.13	78.43	77.75	77.07	76.41	75.75
53	88.56	87.70	86.86	86.03	85.22	84.43	83.64	82.88	82.12	81.38	80.66	79.94	79.24	78.55	77.87	77.24
54	90.24	89.36	88.50	87.66	86.83	86.02	85.22	84.44	83.67	82.92	82.48	81.45	80.74	80.03	79.34	78.67
55	91.91	91.04	90.14	89.28	88.44	87.64	86.80	86 »	85.22	84.45	83.70	82.96	82.23	81.52	80.84	80.12
56	93.58	92.67	91.78	90.90	90.05	89.20	88.38	87.57	86.77	85.99	85.22	84.47	83.73	83 »	82.28	81.58
57	95.25	94.32	93.42	92.53	91.65	90.80	89.96	89.13	88.32	87.53	86.74	85.98	85.22	84.48	83.75	83.04
58	96.92	95 98	95.05	94.15	93.26	92.39	91.53	90.70	89.87	89.06	88.27	87.48	86.72	85.96	85.22	84.49
59	98.59	97.63	96.69	95.77	94.87	93.98	93.11	92.26	91.42	90.60	89.79	88.99	88.21	87.45	86.69	85.95
60	100.26	99.29	98.33	97.40	96.48	95.58	94.69	93.82	92.97	92.43	91.31	90.50	89.71	88.93	88.16	87.41
61	101.93	100.94	99.97	99.02	98.09	97.17	96.27	95.39	94.52	93.67	92.83	92.01	91.20	90.44	89.63	88.86
62	103.60	102.60	101.61	100.64	99.69	98.76	97.85	96.95	96.07	95.20	94.35	93.52	92.70	91.89	91.10	90.32
63	105.28	104 25	103.25	102.27	101.30	100.36	99.42	98.54	97.62	96.74	95.88	95.03	94.19	93.37	92.57	91.78
64	106.95	105.94	104.89	103.89	102.94	101.95	101 »	100.08	99.17	98.27	97.40	96.53	95.69	94.86	94.04	93.23
65	108.62	107.56	106.53	105.51	104.52	103.54	102.58	101.64	100.72	99.84	98.92	98.04	97.18	96.34	95.51	94.69
66	110.29	109.22	108.17	107.14	106.13	105.13	104.16	103.21	102.27	101.35	100.44	99.55	98.68	97.82	96.98	96.15
67	111.96	110.87	109.80	108.76	107.73	106.73	105.74	104.77	103.81	102.88	101.96	101.06	100.17	99.30	98.45	97.60
68	113.63	112.53	111.44	110.38	109.34	108.32	107.32	106.33	105.36	104.42	103.48	102.57	101.67	100.79	99.92	99.06
69	115.30	114.18	113.08	112.01	110.95	109.94	108.89	107.90	106.91	105.95	105.04	104.08	103.16	102.27	101.38	100.52
70	116.97	115.84	114.72	113.63	112.56	111.51	110.47	109.46	108.47	107.49	106.53	105.59	104.66	103.75	102.86	101.98

OBSERVATIONS.

Changes— 102 à 117 lepta = 1 franc.
100 lepta = 1 drachme.

BASES DES CALCULS.

En Grèce on vend l'huile au poids de Constantinople, à l'ocque, ou au quintal de 44 ocques.

44 ocques = litres 58:6
1 hectolitre = ocques 75.
44 ocques : drachmes 40 : : 75 ocques : X = drachmes 68.18.
102 lepta : 1 fr. : : lepta 6818 : X = fr. 66.84.

Ces comptes sont établis de prix à prix comme tous les autres, pour les rendre invariables.

Le droit de sortie est de 6 0/0 et tous les frais, droits et commission compris, s'élèvent de 12 à 13 0/0.

Pour les frais en France voir le tableau TUNIS ET MARSEILLE, page 26.

A Athènes, on vend l'huile à tant par ocque ; à Syra, on la vend aussi à tant par ocque, mais les rendements sont un peu plus faibles; à Coron, *Calamata, Modon, Ketries* (Morée), on la vend au baril de 44 ocques, ce qui revient au même qu'au quintal de Constantinople.

CHANGES

Tallari le baril.	5,20	5,25	5,30	5,35	5,40	5,45	5,50	5,55	5,60	5,65	5,70	5,75	5,80	5,85	5,90	5,95
	Francs l'hectolitre.	Francs l'hectolitre.	Francs l'hectolitre.	Francs l'hectolitre.	Francs l'hectolitre.	Francs l'hectolitre.	Francs l'hectolitre.	Francs l'hectolitre.	Francs l'hectolitre.	Francs l'hectolitre.	Francs l'hectolitre.	Francs l'hectolitre.	Francs l'hectolitre.	Francs l'hectolitre.	Francs l'hectolitre.	Francs l'hectolitre.
6	44.55	44.98	45.41	45.83	46.26	46.69	47.12	47.55	47.98	48.40	48.83	49.26	49.69	50.12	50.55	50.97
6 1/4	46.41	46.85	47.30	47.74	48.19	48.64	49.08	49.53	49.98	50.42	50.87	51.31	51.76	52.21	52.65	53.10
6 1/2	48.26	48.73	49.19	49.65	50.12	50.58	51.05	51.51	51.97	52.44	52.90	53.37	53.83	54.29	54.76	55.22
6 3/4	50.12	50.60	51.08	51.56	52.05	52.53	53.01	53.49	53.97	54.46	54.94	55.42	55.90	56.38	56.87	57.35
7	51.97	52.47	52.97	53.47	53.97	54.47	54.97	55.47	55.97	56.47	56.97	57.47	57.97	58.47	58.97	59.47
7 1/4	53.83	54.35	54.87	55.38	55.90	56.42	56.94	57.45	57.97	58.49	59.01	59.52	60.04	60.56	61.08	61.60
7 1/2	55.69	56.22	56.76	57.29	57.83	58.36	58.90	59.44	59.97	60.51	61.04	61.58	62.11	62.65	63.18	63.72
7 3/4	57.54	58.10	58.65	59.20	59.76	60.31	60.86	61.42	61.97	62.52	63.08	63.63	64.18	64.74	65.29	65.84
8	59.40	59.97	60.54	61.11	61.68	62.26	62.83	63.40	63.97	64.54	65.11	65.68	66.25	66.83	67.40	67.97
8 1/4	61.26	61.84	62.43	63.02	63.61	64.20	64.79	65.38	65.97	66.56	67.15	67.74	68.32	68.91	69.50	70.09
8 1/2	63.11	63.72	64.33	64.93	65.54	66.15	66.75	67.36	67.97	68.57	69.18	69.79	70.40	71	71.61	72.22
8 3/4	64.97	65.59	66.22	66.84	67.47	68.09	68.72	69.34	69.97	70.59	71.22	71.84	72.47	73.09	73.72	74.34
9	66.83	67.47	68.11	68.75	69.40	70.04	70.68	71.32	71.96	72.61	73.25	73.89	74.54	75.18	75.82	76.46
9 1/4	68.68	69.34	70	70.66	71.32	71.98	72.64	73.30	73.96	74.63	75.29	75.95	76.61	77.27	77.93	78.59
9 1/2	70.54	71.22	71.89	72.57	73.25	73.93	74.61	75.29	75.96	76.64	77.32	78	78.68	79.36	80.03	80.71
9 3/4	72.39	73.09	73.79	74.48	75.18	75.87	76.57	77.27	77.96	78.66	79.36	80.05	80.75	81.44	82.14	82.84
10	74.25	74.96	75.68	76.39	77.11	77.82	78.54	79.25	79.96	80.68	81.39	82.11	82.82	83.53	84.25	84.96
10 1/4	76.11	76.84	77.57	78.30	79.03	79.77	80.50	81.23	81.96	82.69	83.43	84.16	84.89	85.62	86.35	87.08
10 1/2	77.96	78.71	79.46	80.21	80.96	81.71	82.46	83.21	83.96	84.71	85.46	86.21	86.96	87.71	88.46	89.21
10 3/4	79.82	80.59	81.36	82.12	82.89	83.66	84.43	85.19	85.96	86.73	87.50	88.26	89.03	89.80	90.57	91.33
11	81.68	82.46	83.25	84.03	84.82	85.60	86.39	87.17	87.96	88.74	89.53	90.32	91.10	91.89	92.67	93.46
11 1/4	83.53	84.34	85.14	85.94	86.75	87.55	88.35	89.16	89.96	90.76	91.57	92.37	93.17	93.97	94.78	95.58
11 1/2	85.39	86.21	87.03	87.85	88.67	89.49	90.32	91.14	91.95	92.78	93.60	94.42	95.24	96.06	96.88	97.70
11 3/4	87.25	88.08	88.92	89.76	90.60	91.44	92.28	93.12	93.95	94.80	95.64	96.47	97.31	98.15	98.99	99.83
12	89.10	89.96	90.82	91.67	92.53	93.39	94.24	95.10	95.95	96.81	97.67	98.53	99.38	100.24	101.10	101.95
12 1/4	90.96	91.83	92.71	93.58	94.46	95.33	96.21	97.08	97.95	98.83	99.71	100.58	101.46	102.33	103.20	104.08
12 1/2	92.82	93.71	94.60	95.49	96.39	97.28	98.17	99.06	99.95	100.85	101.74	102.63	103.53	104.42	105.31	106.20
12 3/4	94.67	95.58	96.49	97.40	98.31	99.22	100.13	101.04	101.95	102.86	103.77	104.68	105.60	106.50	107.42	108.33
13	96.53	97.45	98.38	99.31	100.24	101.17	102.10	103.02	103.95	104.88	105.81	106.74	107.67	108.59	109.52	110.45
13 1/4	98.38	99.33	100.28	101.22	102.17	103.11	104.06	105.01	105.95	106.90	107.84	108.79	109.74	110.68	111.63	112.57
13 1/2	100.24	101.20	102.17	103.13	104.10	105.06	106.02	106.99	107.95	108.92	109.88	110.84	111.81	112.77	113.74	114.70

OBSERVATIONS.

Changes— fr. 5.20 à 5.95 == 1 tallaro.

BASES DES CALCULS.

1 baril == 1 millerolle de 64 litres. plus 8 0/0.
1 baril == litres 70.

1 baril : tall. 6 : : barils 1.428 : X == tall. 8.568.
1 tall. : fr. 5.20 : : tall. 8.568 : X == fr. 44.55.

Ces comptes ont été établis de prix à prix comme tous les autres pour les rendre invariables.

Le droit de sortie des îles Ioniennes est de 19 1/2 0/0 sur la valeur. On évalue à 22 0/0 les droits et frais tout compris moins la commission.

Le baril de Corfou, Ste-Maure, Céphalonie rend à Marseille 1 millerolle de 64 litres plus 7 à 8 0/0, c'est-à-dire 70 litres environ. Celui de Zante est un peu plus fort et on évalue le rendement à 1 0/0 de plus.

Pour les droits et frais en France, voir le Tableau TUNIS ET MARSEILLE, page 26.

CHANGES

Ducats le cantaro.	20,60	20,80	21	21,20	21,40	21,60	21,80	22	22,20	22,40	22,60	22,80	23	23,20	23,40	23,60
	francs les 100 kil.	francs les 100 kil.	francs les 100 kil.	francs les 100 kil.	francs les 100 kil.	francs les 100 kil.	francs les 100 kil.	francs les 100 kil.	francs les 100 kil.	francs les 100 kil.	francs les 100 kil.	francs les 100 kil.	francs les 100 kil.	francs les 100 kil.	francs les 100 kil.	francs les 100 kil.
12	65.45	64.82	64.20	63.60	63 »	62.42	61.84	61.28	60.73	60.19	59.66	59.13	58.62	58.11	57.62	57.13
13	70.90	70.22	69.55	68.90	68.25	67.62	67 »	66.39	65.79	65.20	64.63	64.06	63.50	62.96	62.42	61.89
14	76.36	75.62	74.90	74.20	73.50	72.82	72.15	71.50	70.85	70.22	69.60	68.99	68.39	67.80	67.22	66.65
15	81.81	81.02	80.25	79.50	78.75	78.02	77.31	76.60	75.91	75.24	74.57	73.92	73.27	72.64	72.02	71.44
16	87.26	86.43	85.60	84.80	84 »	83.22	82.46	81.74	80.97	80.25	79.54	78.84	78.46	77.48	76.82	76.17
17	92.72	91.83	90.95	90.10	89.25	88.43	87.62	86.82	86.04	85.27	84.51	83.77	83.04	82.33	81.62	80.93
18	98.17	97.23	96.30	95.40	94.50	93.63	92.77	91.92	91.10	90.28	89.49	88.70	87.93	87.17	86.43	85.69
19	103.63	102.63	101.65	100.70	99.75	98.83	97.92	97.03	96.16	95.30	94.46	93.63	92.84	92.01	91.23	90.45
20	109.08	108.03	107 »	106 »	105 »	104.03	103.08	102.14	101.22	100.32	99.43	98.56	97.70	96.86	96.03	95.22
21	114.54	113.44	112.35	111.30	110.25	109.23	108.23	107.25	106.28	105.33	104.40	103.48	102.58	101.70	100.83	99.98
22	119.99	118.84	117.71	116.60	115.51	114.44	113.39	112.35	111.34	110.35	109.37	108.44	107.47	106.54	105.63	104.74
23	125.45	124.24	123.06	121.90	120.76	119.64	118.54	117.46	116.40	115.36	114.34	113.34	112.35	111.39	110.43	109.50
24	130.90	129.64	128.41	127.20	126.01	124.84	123.69	122.57	121.46	120.38	119.32	118.27	117.24	116.23	115.24	114.26
25	136.35	135.04	133.76	132.50	131.26	130.04	128.85	127.67	126.53	125.40	124.29	123.20	122.13	121.07	120.04	119.02
26	141.81	140.44	139.11	137.80	136.51	135.24	134 »	132.78	131.59	130.44	129.26	128.12	127.04	125.92	124.84	123.78
27	147.26	145.85	144.46	143.10	141.76	140.44	139.16	137.89	136.65	135.43	134.23	133.05	131.90	130.76	129.64	128.54
28	152.72	151.25	149.81	148.40	147.01	145.65	144.31	143 »	141.71	140.44	139.20	137.98	136.78	135.60	134.44	133.30
29	158.17	156.65	155.16	153.70	152.26	150.85	149.46	148.10	146.77	145.46	144.17	142.94	141.67	140.44	139.24	138.06
30	163.63	162.05	160.51	159 »	157.51	156.05	154.62	153.21	151.83	150.48	149.15	147.84	146.55	145.29	144.05	142.83
31	169.08	167.45	165.86	164.30	162.76	161.25	159.77	158.32	156.89	155.49	154.12	152.76	151.44	150.13	148.85	147.59
32	174.53	172.86	171.21	169.60	168.01	166.45	164.93	163.43	161.95	160.54	159.09	157.69	156.32	154.97	153.65	152.35
33	179.99	178.26	176.56	174.90	173.26	171.66	170.08	168.53	167.02	165.53	164.06	162.62	161.21	159.82	158.45	157.44
34	185.44	183.66	181.91	180.20	178.51	176.86	175.24	173.64	172.08	170.54	169.03	167.55	166.09	164.66	163.25	161.87
35	190.90	189.06	187.26	185.50	183.76	182.06	180.39	178.75	177.14	175.56	174 »	172.48	170.98	169.50	168.05	166.63
36	196.35	194.46	192.61	190.80	189.01	187.26	185.54	183.85	182.20	180.57	178.98	177.44	175.86	174.35	172.86	171.39
37	201.81	199.87	197.96	196.10	194.26	192.46	190.70	188.96	187.26	185.59	183.95	182.33	180.75	179.19	177.66	176.15
38	207.26	205.27	203.31	201.40	199.51	197.67	195.85	194.07	192.32	190.61	188.92	187.26	185.63	184.03	182.46	180.91
39	212.72	210.67	208.66	206.70	204.76	202.87	201.01	199.18	197.38	195.62	193.89	192.19	190.52	188.88	187.26	185.67
40	218.17	216.07	214.01	212 »	210.01	208.07	206.16	204.28	202.44	200.64	198.86	197.12	195.40	193.72	192.06	190.44
41	223.62	221.47	219.36	217.30	215.25	213.27	211.31	209.39	207.51	205.65	203.83	202.05	200.29	198.56	196.86	195.20
42	229.08	226.88	224.72	222.60	220.51	218.47	216.47	214.50	212.57	210.67	208.81	206.97	205.17	203.44	201.67	199.96

OBSERVATIONS.

Changes — Ducats 0.20.60 à 0.23 60 = 1 franc.

BASES DES CALCULS.

1 cantaro de 100 rotoli = kilog. 89.
100 kilogrammes = cant. 1.1236.

1 cant. : duc. 12 : : cant. 1.1236 : X
= duc. 13.48.
Duc. 0.20.60 : 1 franc : : duc. 13.48
: X = fr. 65.45.

Ces comptes sont faits de prix à prix comme tous les autres, pour les rendre invariables. Ayant calculé sur la base de 100 rotoli = K^{mes} 89 rapport rigoureux de poids à poids, il sera toujours prudent d'ajouter au prix de revient 1 % pour le manquant ou coulage.

FRAIS A BARI.

Droit de sortie........	duc.	2.25
Frais divers............	»	50
Prix de la futaille.......	»	75
	duc.	3.50
commission........	»	

Le fret de Bari à Marseille revient ordinairement de 3 à 4 fr. les 100 k^{mes}.

FRAIS A MARSEILLE.

Droit de Douane sur le poids brut (k^{mes} 120 env.) à fr. 12 %	fr.	14.35
Octroi sur litres 110 à 1.25 %		5.50
Chambre de commerce sur litres 109 à 79 C^{mes} %....	»	86
Frais divers...............	»	75
(les 100 K^{mes})	fr.	21.46

(Ces frais reviennent à 12.60 par chaque millerolle de Marseille de K^{mes} 58 1/2.)

Il faut ajouter ensuite :

Assurance 1 à 1 1/2 %
Censerie 1 %
Escompte 1 %
Commission 2 %

CHANGES

Prices are in *florins l'orne* for each *ducat* change rate (Ducats le cantaro.).

Ducats le cantaro.	52	52,50	53	53,50	54	54,50	55	55,50	56	56,50	57	57,50	58	58,50	59	59,50
12	15.69	15.54	15.40	15.25	15.11	14.97	14.84	14.70	14.57	14.44	14.32	14.19	14.07	13.95	13.83	13.71
13	17 »	16.84	16.68	16.52	16.37	16.22	16.07	15.93	15.79	15.65	15.51	15.37	15.24	15.11	14.98	14.86
14	18.31	18.13	17.96	17.80	17.63	17.47	17.31	17.15	17 »	16.85	16.70	16.56	16.44	16.27	16.14	16 »
15	19.62	19.43	19.25	19.07	18.89	18.72	18.55	18.38	18.22	18.05	17.90	17.74	17.59	17.44	17.29	17.14
16	20.93	20.73	20.53	20.34	20.15	19.97	19.78	19.61	19.43	19.26	19.09	18.92	18.76	18.60	18.44	18.29
17	22.23	22.02	21.84	21.64	21.44	21.21	21.02	20.83	20.65	20.46	20.28	20.11	19.93	19.76	19.60	19.43
18	23.54	23.32	23.10	22.88	22.67	22.46	22.26	22.06	21.86	21.67	21.48	21.29	21.11	20.93	20.75	20.57
19	24.85	24.61	24.38	24.15	23.93	23.71	23.49	23.28	23.07	22.87	22.67	22.47	22.28	22.09	21.90	21.72
20	26.16	25.94	25.66	25.42	25.19	24.96	24.73	24.54	24.29	24.07	23.86	23.66	23.45	23.25	23.05	22.86
21	27.47	27.20	26.95	26.70	26.45	26.21	25.97	25.73	25.50	25.28	25.06	24.84	24.62	24.41	24.21	24 »
22	28.77	28.50	28.23	27.97	27.71	27.45	27.20	26.96	26.72	26.48	26.25	26.02	25.80	25.58	25.36	25.15
23	30.08	29.80	29.54	29.24	28.97	28.70	28.44	28.18	27.93	27.69	27.44	27.20	26.97	26.74	26.51	26.29
24	31.39	31.09	30.80	30.51	30.23	29.95	29.68	29.41	29.15	28.89	28.64	28.39	28.14	27.90	27.67	27.43
25	32.70	32.39	32.08	31.78	31.49	31.20	30.92	30.64	30.36	30.09	29.83	29.57	29.32	29.07	28.82	28.58
26	34.01	33.68	33.36	33.05	32.75	32.45	32.15	31.86	31.58	31.30	31.02	30.75	30.49	30.23	29.97	29.72
27	35.31	34.98	34.65	34.32	34.01	33.69	33.39	33.09	32.79	32.50	32.22	31.94	31.66	31.39	31.12	30.86
28	36.62	36.27	35.93	35.60	35.27	34.94	34.63	34.31	34.01	33.74	33.44	33.12	32.83	32.55	32.28	32.04
29	37.93	37.57	37.21	36.87	36.53	36.19	35.86	35.54	35.22	34.91	34.60	34.30	34.01	33.72	33.43	33.15
30	39.24	38.87	38.50	38.14	37.79	37.44	37.10	36.76	36.44	36.11	35.80	35.49	35.18	34.88	34.58	34.29
31	40.55	40.16	39.78	39.41	39.05	38.69	38.34	37.99	37.65	37.32	36.99	36.67	36.35	36.04	35.74	35.44
32	41.86	41.46	41.06	40.68	40.31	39.93	39.57	39.22	38.87	38.52	38.18	37.85	37.53	37.20	36.89	36.58
33	43.16	42.75	42.35	41.95	41.57	41.18	40.81	40.44	40.08	39.72	39.38	39.03	38.70	38.37	38.04	37.72
34	44.47	44.05	43.63	43.22	42.83	42.43	42.05	41.67	41.30	40.93	40.57	40.22	39.87	39.53	39.19	38.86
35	45.78	45.34	44.92	44.50	44.08	43.68	43.28	42.89	42.51	42.13	41.76	41.40	41.04	40.69	40.35	40.04
36	47.09	46.64	46.20	45.77	45.34	44.93	44.52	44.12	43.72	43.34	42.96	42.58	42.22	41.86	41.50	41.15
37	48.40	47.94	47.48	47.04	46.60	46.18	45.76	45.34	44.94	44.54	44.15	43.77	43.39	43.02	42.65	42.29
38	49.70	49.23	48.77	48.31	47.86	47.42	46.99	46.57	46.15	45.74	45.34	44.95	44.56	44.18	43.81	43.44
39	51.01	50.53	50.05	49.58	49.12	48.67	48.23	47.79	47.37	46.95	46.54	46.13	45.73	45.34	44.96	44.58
40	52.32	51.82	51.33	50.85	50.38	49.92	49.47	49.02	48.58	48.15	47.73	47.32	46.91	46.51	46.11	45.72
41	53.63	53.12	52.62	52.12	51.64	51.17	50.70	50.25	49.80	49.36	48.92	48.50	48.08	47.67	47.26	46.87
42	54.94	54.44	53.90	53.40	52.90	52.42	51.94	51.47	51.01	50.56	50.12	49.68	49.25	48.83	48.42	48.04

OBSERVATIONS.

Changes — duc. 0.52 à 0.59.50 = 1 florin.

BASES DES CALCULS.

1 orne = rotoli 68 poids de Naples.
ornes 1.47 = 1 cantaro de rotoli 100.

ornes 1.47 = 1 c^{ro} : duc 12 : : orne 1 : X = duc. 8.16.
duc 0.52 : 1 florin : : duc. 8.16 : X = florins 15.69.

Tous ces comptes sont établis de prix à prix pour les rendre invariables. Nous donnons un aperçu des frais, mais il faudra faire toujours attention qu'il ne soit survenu des changements, surtout dans les droits.

FRAIS A BARI.

Droit de sortie actuel, par cantaro.
ducats............ 2.25
Frais divers.......... 50
          duc. 2.75

Futailles...... «
Censerie...... «
Commission... «

Il faut compter ensuite, le fret et l'assurance.

FRAIS A TRIESTE

Frais au débarquement. 3/4 % env.
Censerie............ 1 %
Escompte d'usage..... 8 %
Commission.......... 2 %

CHANGES

Ducats le cantaro	5,30	5,35	5,40	5,45	5,50	5,55	5,60	5,65	5,70	5,75	5,80	5,85	5,90	5,95	6 »	6,05
	liv. sterl. la tonne.	liv. sterl. la tonne.	liv. sterl. la tonne.	liv. sterl. la tonne.	liv. sterl. la tonne.	liv. sterl. la tonne.	liv. sterl. la tonne.	liv. sterl. la tonne.	liv. sterl. la tonne.	liv. sterl. la tonne.	liv. sterl. la tonne.	liv. sterl. la tonne.	liv. sterl. la tonne.	liv. sterl. la tonne.	liv. sterl. la tonne.	liv. sterl. la tonne.
12	26.94	26.69	26.44	26.20	25.96	25.72	25.50	25.27	25.05	24.83	24.62	24.44	24.20	24 »	23.80	23.60
13	29.18	28.94	28.64	28.38	28.12	27.87	27.62	27.38	27.14	26.90	26.67	26.44	26.22	26 »	25.78	25.57
14	31.43	31.13	30.85	30.56	30.29	30.01	29.75	29.48	29.22	28.97	28.72	28.47	28.23	28 »	27.76	27.53
15	33.67	33.36	33.05	32.75	32.46	32.16	31.87	31.59	31.31	31.04	30.77	30.51	30.25	30 »	29.75	29.50
16	35.92	35.58	35.25	34.93	34.61	34.30	34 »	33.69	33.40	33.11	32.82	32.54	32.27	32 »	31.73	31.47
17	38.16	37.81	37.46	37.11	36.78	36.45	36.12	35.80	35.49	35.18	34.87	34.58	34.28	34 »	33.74	33.43
18	40.41	40.03	39.66	39.30	38.94	38.59	38.25	37.91	37.57	37.25	36.93	36.64	36.30	36 »	35.70	35.40
19	42.65	42.26	41.87	41.48	41.10	40.73	40.37	40.01	39.66	39.32	38.98	38.64	38.32	38 »	37.68	37.37
20	44.90	44.48	44.07	43.66	43.27	42.88	42.50	42.12	41.75	41.39	41.03	40.68	40.33	40 »	39.66	39.33
21	47.15	46.70	46.27	45.85	45.43	45.02	44.62	44.22	43.84	43.46	43.08	42.71	42.35	42 »	41.65	41.30
22	49.39	48.93	48.48	48.03	47.59	47.17	46.75	46.33	45.92	45.52	45.13	44.75	44.37	44 »	43.63	43.27
23	51.64	51.15	50.68	50.21	49.76	49.31	48.87	48.44	48.01	47.59	47.18	46.78	46.38	46 »	45.61	45.23
24	53.88	53.38	52.88	52.40	51.92	51.45	51 »	50.54	50.10	49.66	49.24	48.81	48.40	48 »	47.60	47.20
25	56.13	55.60	55.09	54.58	54.09	53.60	53.12	52.65	52.19	51.73	51.29	50.85	50.42	50 »	49.58	49.47
26	58.37	57.83	57.29	56.76	56.25	55.74	55.25	54.75	54.28	53.80	53.34	52.88	52.43	52 »	51.56	51.43
27	60.62	60.05	59 49	58.95	58.44	57.89	57.37	56.86	56.36	55.87	55.39	54.92	54.45	54 »	53.55	53.10
28	62.86	62.27	61.70	61.13	60.58	60.03	59.50	58.97	58.45	57.94	57.44	56.95	56.47	56 »	55.53	55.07
29	65.11	64.50	63.90	63.31	62.74	62.17	61.62	61.07	60.54	60.04	59.49	58.98	58.49	58 »	57.51	57.04
30	67.35	66.72	66.11	65.50	64.90	64.32	63.75	63.18	62.63	62.08	61.55	61.02	60.50	60 »	59.50	59 »
31	69.60	68.95	68.31	67.68	67.07	66.46	65.87	65.29	64.71	64.15	63.60	63.05	62.52	62 »	61.48	60.97
32	71.84	71.17	70 51	69.86	69.23	68.61	68 »	67.39	66.80	66.22	65.65	65.09	64.54	64 »	63.46	62.94
33	74.09	73.39	72.72	72.05	71.39	70.75	70.12	69.50	68.89	68.29	67.70	67.12	66.55	66 »	65.45	64.90
34	76.33	75.62	74.92	74.23	73.56	72.89	72.25	71.60	70.98	70.36	69.75	69.16	68.57	68 »	67.43	66.87
35	78.58	77.84	77.12	76.42	75.72	75.04	74.37	73.71	73.06	72.43	71.80	71.19	70.59	70 »	69.44	68.84
36	80.82	80.07	79.33	78.60	77.88	77.18	76.50	75.82	75.15	74.50	73.86	73.22	72.60	72 »	71.40	70.80
37	83.07	82.29	81.53	80.78	80.05	79.33	78.62	77.92	77.24	76.57	75.94	75.26	74.62	74 »	73.38	72 77
38	85.31	84.52	83.74	82.97	82.21	81.47	80.75	80.03	79.33	78.64	77.96	77.29	76.64	76 »	75.36	74.74
39	87.56	86.74	85.94	85.15	84.38	83.62	82.87	82.13	81.42	80.74	80.04	79.33	78.65	78 »	77.35	76.70
40	89.80	88.96	88.14	87.33	86.54	85.76	85 »	84.24	83.50	82.78	82.06	81.36	80.67	80 »	79.33	78.67
41	92.05	91.19	90.35	89.52	88.70	87.90	87.12	86.35	85.59	84.84	84.11	83.39	82.69	82 »	81.31	80.64
42	94.30	93.42	92.55	91.70	90.87	90.05	89.25	88.46	87.68	86.92	86.47	85.43	84.74	84 »	83.30	82.64

OBSERVATIONS.

Changes — duc 5.30 à 6.05 = 1 livre sterling.

BASES DES CALCULS.

Cantara 11.90 = 1 tonne.
1 tonne = salmes 7 1/5.

1 cantaro : duc. 12 :: cant. 11.90 : X
= duc. 142.80.
duc. 5 30 : liv. sterl. 1 :: duc. 142.80
: X = liv. sterl. 26.94.

Ces comptes sont établis de prix à prix comme tous les autres, pour les rendre invariables.

Voici un aperçu des frais et des droits actuels à Bari :

FRAIS A BARI.

Droit de sortie par cantaro. duc. 2.25
Frais divers..   50
                   duc. 2.75
Futaille (1). . . . .   »
Censerie. . . . .   »
Commission. . . . .   »
Il faut ajouter ensuite le frêt et l'assurance.

L'huile d'olive est exempte de droit en Angleterre. Les frais de débarquement s'élèvent de 7 à 10 schellings par tonne, plus censerie et commission.

(1) On peut compter 70 à 90 grains par cantaro le revient du prix de la futaille, suivant son mérite.

CHANGES

PRIX — Ducats la salme	5,30	5,35	5,40	5,45	5,50	5,55	5,60	5,65	5,70	5,75	5,80	5,85	5,90	5,95	6	6,05
	liv. sterl. la tonne.	liv. sterl. la tonne.	liv. sterl. la tonne.	liv. sterl. la tonne.	liv. sterl. la tonne.	liv. sterl. la tonne.	liv. sterl. la tonne.	liv. sterl. la tonne.	liv. sterl. la tonne.	liv. sterl. la tonne.	liv. sterl. la tonne.	liv. sterl. la tonne.	liv. sterl. la tonne.	liv. sterl. la tonne.	liv. sterl. la tonne.	liv. sterl. la tonne.
15	20.37	20.18	20 »	19.81	19.63	19.45	19.28	19.11	18.94	18.78	18.62	18.46	18.30	18.15	18 »	17.85
16	21.73	21.53	21.33	21.13	20.94	20.75	20.57	20.38	20.21	20.03	19.86	19.69	19.25	19.36	19.20	19.04
17	23.09	22.87	22.66	22.45	22.25	22.05	21.85	21.66	21.47	21.28	21.10	20.92	20.74	20.57	20.40	20.23
18	24.45	24.22	23.99	23.77	23.56	23.35	23.14	22.93	22.73	22.53	22.34	22.15	21.96	21.78	21.60	21.42
19	25.81	25.57	25.33	25.10	24.87	24.64	24.42	24.21	23.99	23.79	23.58	23.38	23.18	22.99	22.80	22.61
20	27.16	26.94	26.66	26.42	26.18	25.94	25.71	25.48	25.26	25.04	24.82	24.61	24.40	24.20	24 »	23.80
21	28.52	28.26	27.99	27.74	27.49	27.24	26.99	26.76	26.52	26.29	26.06	25.84	25.62	25.41	25.20	24.99
22	29.88	29.60	29.33	29.06	28.79	28.53	28.28	28.03	27.78	27.54	27.31	27.07	26.84	26.62	26.40	26.48
23	31.24	30.95	30.66	30.38	30.10	29.83	29.57	29.30	29.05	28.80	28.55	28.30	28.06	27.83	27.60	27.37
24	32.60	32.29	31.99	31.70	31.41	31.13	30.85	30.58	30.31	30.03	29.79	29.53	29.28	29.04	28.80	28.56
25	33.96	33.64	33.33	33.02	32.72	32.43	32.14	31.85	31.57	31.30	31.03	30.76	30.50	30.25	30 »	29.75
26	35.32	34.99	34.66	34.34	34.03	33.72	33.42	33.13	32.84	32.55	32.27	31.99	31.72	31.46	31.20	30.94
27	36.67	36.33	35.99	35.56	35.34	35.02	34.71	34.40	34.10	33.80	33.51	33.23	32.94	32.67	32.40	32.13
28	38.03	37.68	37.33	36.99	36.65	36.32	35.99	35.68	35.36	35.06	34.75	34.46	34.16	33.88	33.60	33.32
29	39.39	39.02	38.66	38.31	37.96	37.62	37.28	36.95	36.63	36.31	35.99	35.69	35.38	35.09	34.80	34.51
30	40.75	40.37	39.99	39.63	39.27	38.91	38.57	38.22	37.89	37.56	37.24	36.92	36.60	36.30	36 »	35.70
31	42.11	41.71	41.33	40.95	40.58	40.21	39.85	39.50	39.15	38.81	38.48	38.15	37.83	37.51	37.20	36.89
32	43.47	43.06	42.66	42.27	41.89	41.51	41.14	40.77	40.42	40.06	39.72	39.38	39.05	38.72	38.40	38.08
33	44.83	44.41	43.99	43.59	43.19	42.80	42.42	42.05	41.68	41.32	40.96	40.61	40.27	39.93	39.60	39.27
34	46.18	45.75	45.33	44.91	44.50	44.10	43.71	43.32	42.94	42.57	42.20	41.84	41.49	41.14	40.80	40.46
35	47.54	47.10	46.66	46.23	45.81	45.40	44.99	44.60	44.21	43.82	43.44	43.07	42.71	42.35	42 »	41.65
36	48.90	48.44	47.99	47.55	47.12	46.70	46.28	45.87	45.47	45.07	44.68	44.30	43.93	43.56	43.20	42.84
37	50.26	49.79	49.33	48.88	48.43	47.99	47.57	47.15	46.73	46.33	45.93	45.53	45.15	44.77	44.40	44.03
38	51.62	51.14	50.66	50.20	49.74	49.29	48.85	48.42	47.99	47.58	47.17	46.76	46.37	45.98	45.60	45.22
39	52.98	52.48	51.99	51.52	51.05	50.59	50.14	49.69	49.26	48.83	48.41	47.99	47.59	47.19	46.80	46.41
40	54.33	53.83	53.33	52.84	52.26	51.89	51.42	50.97	50.52	50.08	49.65	49.23	48.81	48.40	48 »	47.60
41	55.69	55.17	54.66	54.46	53.67	53.18	52.71	52.24	51.78	51.33	50.89	50.46	50.03	49.64	49.20	48.79
42	57.05	56.52	55.99	55.48	54.98	54.48	53.99	53.52	53.05	52.59	52.13	51.69	51.25	50.82	50.40	49.98
43	58.41	57.86	57.33	56.80	56.29	55.78	55.28	54.79	54.31	53.84	53.37	52.92	52.47	52.03	51.60	51.47
44	59.77	59.21	58.66	58.42	57.59	57.07	56.57	56.07	55.57	55.09	54.62	54.15	53.69	53.24	52.80	52.36
45	61.13	60.56	60 »	59.44	58.90	58.37	57.85	57.34	56.84	56.34	55.86	55.38	54.94	54.45	54 »	53.35

OBSERVATIONS.

Changes — ducats 5.30 à 6.05 pour une livre sterling.

BASES DES CALCULS.

1 tonne angl. = salmes 7.1/5 (de rot. 165 1/3.)

1 salme : duc. 15 : : salmes 7.1/5 : X
= ducats 108

duc. 5.30 : 1 liv. sterl. : : duc. 108 : X
= liv. st. 20.37.

Ces comptes, comme tous les autres, sont faits de prix à prix, pour les rendre invariables. Voici un aperçu des frais actuels à Gallipoli.

FRAIS A GALLIPOLI.

	ducats.
Droit de sortie sur une salme...	3.73
Droit de province..............	33
Frais d'embarquement..........	34
Prix de la futaille...............	1.25
	duc. 5.65

Censerie, 1/3 0/0.... »
id. de change, 1 0/00 »
Commission 2 0/0... »

Il faut ensuite ajouter le nolis et l'assurance.

Il faut toujours faire attention aux changements de droits qui pourraient avoir lieu.

L'huile d'olive est exempte de droit en Angleterre. Les frais de débarquement s'élèvent de 7 à 10 schellings par tonne. Les ventes se font ordinairement à 4 mois. Censerie 1/2 0/0. Commission 2 0/0. Ducroire 2 0/0.

CHANGES

PRIX — Ducats la salme	20,60	20,80	21	21,20	21,40	21,60	21,80	22	22,20	22,40	22,60	22,80	23	23,20	23,40	23,60
(francs l'hectolitre.)	francs l'hectolitre.	francs l'hectolitre.	francs l'hectolitre.	francs l'hectolitre.	francs l'hectolitre.	francs l'hectolitre.	francs l'hectolitre.	francs l'hectolitre.	francs l'hectolitre.	francs l'hectolitre.	francs l'hectolitre.	francs l'hectolitre.	francs l'hectolitre.	francs l'hectolitre.	francs l'hectolitre.	francs l'hectolitre.
15	46.82	46.37	45.92	45.49	45.07	44.65	44.24	43.84	43.44	43.05	42.67	42.30	41.93	41.57	41.21	40.86
16	49.94	49.46	48.99	48.52	48.07	47.62	47.19	46.76	46.34	45.92	45.52	45.12	44.73	44.34	43.96	43.59
17	53.06	52.55	52.05	51.56	51.07	50.60	50.14	49.68	49.23	48.79	48.36	47.94	47.52	47.11	46.71	46.31
18	56.48	55.64	55.14	54.59	54.08	53.58	53.09	52.60	52.13	51.66	51.21	50.76	50.32	49.88	49.46	49.04
19	59.30	58.73	58.17	57.62	57.08	56.56	56.04	55.53	55.03	54.54	54.05	53.58	53.11	52.65	52.20	51.76
20	62.42	61.82	61.23	60.66	60.09	59.53	58.99	58.45	57.92	57.44	56.90	56.40	55.94	55.43	54.95	54.49
21	65.54	64.94	64.29	63.69	63.09	62.51	61.94	61.37	60.82	60.28	59.74	59.22	58.70	58.20	57.70	57.21
22	68.66	68 »	67.36	66.72	66.10	65.49	64.88	64.29	63.72	63.15	62.59	62.04	61.50	60.97	60.45	59.94
23	71.79	71.40	70.42	69.75	69.10	68.46	67.83	67.22	66.64	66.02	65.43	64.86	64.29	63.74	63.20	62.66
24	74.91	74.19	73.48	72.79	72.11	71.44	70.78	70.14	69.51	68.89	68.28	67.68	67.09	66.51	65.94	65.38
25	78.03	77.28	76.54	75.82	75.11	74.42	73.73	73.06	72.40	71.76	71.12	70.50	69.89	69.28	68.69	68.11
26	81.15	80.37	79.60	78.85	78.12	77.39	76.68	75.99	75.30	74.63	73.97	73.32	72.68	72.06	71.44	70.83
27	84.27	83.46	82.67	81.89	81.12	80.37	79.63	78.91	78.20	77.50	76.84	76.14	75.48	74.83	74.19	73.56
28	87.39	86.55	85.73	84.92	84.13	83.35	82.58	81.83	81.09	80.37	79.66	78.96	78.27	77.60	76.94	76.28
29	90.54	89.64	88.79	87.95	87.13	86.32	85.53	84.75	83.99	83.24	82.50	81.78	81.07	80.37	79.68	79.01
30	93.64	92.74	91.85	90.99	90.14	89.30	88.48	87.68	86.89	86.11	85.35	84.60	83.87	83.14	82.43	81.73
31	96.76	95.83	94.91	94.02	93.14	92.28	91.43	90.60	89.78	88.98	88.19	87.42	86.66	85.91	85.18	84.46
32	99.88	98.92	97.98	97.05	96.14	95.25	94.38	93.52	92.68	91.85	91.04	90.24	89.46	88.68	87.93	87.18
33	103 »	102.01	101.04	100.08	99.15	98.23	97.33	96.44	95.58	94.72	93.88	93.06	92.25	91.46	90.67	89.94
34	106.12	105.10	104.10	103.12	102.15	101.21	100.28	99.37	98.47	97.59	96.73	95.88	95.05	94.23	93.42	92.63
35	109.24	108.19	107.16	106.15	105.16	104.18	103.23	102.29	101.37	100.46	99.57	98.70	97.84	97 »	96.17	95.36
36	112.36	111.28	110.22	109.18	108.16	107.16	106.18	105.21	104.27	103.33	102.42	101.52	100.64	99.77	98.92	98.08
37	115.49	114.37	113.29	112.22	111.17	110.14	109.13	108.14	107.16	106.20	105.26	104.34	103.44	102.54	101.67	100.80
38	118.61	117.47	116.35	115.25	114.17	113.12	112.08	111.06	110.06	109.08	108.11	107.16	106.23	105.31	104.41	103.53
39	121.73	120.56	119.41	118.28	117.18	116.09	115.03	113.98	112.95	111.95	110.96	109.98	109.03	108.09	107.16	106.25
40	124.85	123.65	122.47	121.32	120.18	119.07	117.98	116.90	115.85	114.82	113.80	112.80	111.82	110.86	109.91	108.98
41	127.97	126.74	125.53	124.35	123.19	122.05	120.93	119.83	118.75	117.69	116.65	115.62	114.62	113.63	112.66	111.70
42	131.09	129.83	128.59	127.38	126.19	125.02	123.88	122.75	121.64	120.56	119.49	118.44	117.44	116.40	115.44	114.43
43	134.21	132.92	131.66	130.41	129.20	128 »	126.83	125.67	124.54	123.43	122.34	121.26	120.21	119.17	118.14	117.13
44	137.33	136.01	134.72	133.45	132.20	130.98	129.77	128.59	127.44	126.30	125.18	124.08	123 »	121.95	120.90	119.88
45	140.46	139.11	137.78	136.48	135.21	133.95	132.72	131.52	130.33	129.17	128.03	126.90	125.80	124.71	123.65	122.60

OBSERVATIONS.

Changes — Ducats 0.20.60 à 0.23.60 = 1 franc.

BASES DES CALCULS.

1 salme de Gallipoli de rotoli 165.1/3 = millerolles 2.48 de Marseille, et par conséquent = litres 155.52.

1 hectolitre = salme 0.643.

Nous nous sommes basé sur un rendement modéré, car la salme de Gallipoli, en belles huiles, pourrait rendre 1 % de plus.

1 salme : duc. 15 : : salme 0.643 : X = duc. 9.64.

Duc. 0.20.60 : 1 franc : : duc. 9.64 : X = fr. 46.82.

Tous ces comptes ont été établis de prix à prix, comme tous les autres, pour les rendre invariables. — Nous donnons un aperçu des frais et des droits actuels, et nos lecteurs auront soin de s'assurer qu'il n'est survenu aucun changement.

FRAIS A GALLIPOLI.

Droit de sortie sur 1 salme duc. 3.73
»   de province....... » 33
Frais d'embarquement.... » 34
Prix de la futaille, pr salme. » 1.25
                 duc. 5 65

Censerie 1/3 %.
Commission 2 %.

Il faut ensuite ajouter le fret et l'assurance.

Le droit d'entrée en France revient à 12 francs les 100 kilog., poids brut.

Les frais à Marseille, droits compris et moins la futaille, s'élèvent à fr. 10.20 environ par millerolle de 64 litres, plus la censerie 1/2 % pour les huiles lampantes, et la commission.

Pour réduire ces prix de revient à la millerolle de 64 litres, il n'y a qu'à multiplier le prix de l'hectolitre par 64, et diviser par 100.

CHANGES

PRIX — Ducats la botte.	20,60	20,80	21	21,20	21,40	21,60	21,80	22	22,20	22,40	22,60	22,80	23	23,20	23,40	23,60
	francs l'hectolitre.	francs l'hectolitre.	francs l'hectolitre.	francs l'hectolitre.	francs l'hectolitre.	francs l'hectolitre.	francs l'hectolitre.	francs l'hectolitre.	francs l'hectolitre.	francs l'hectolitre.	francs l'hectolitre.	francs l'hectolitre.	francs l'hectolitre.	francs l'hectolitre.	francs l'hectolitre.	francs l'hectolitre.
60	67.92	67.26	66.62	66 »	65.38	64.77	64.18	63.60	63.02	62.46	61.94	61.36	60.83	60.34	59.79	59.28
61	69.05	68.39	67.73	67.10	66.47	65.85	65.25	64.66	64.07	63.50	62.94	62.39	61.84	61.34	60.79	60.27
62	70.18	69.54	68.84	68.20	67.56	66.93	66.32	65.72	65.12	64.54	63.97	63.41	62.86	62.32	61.78	61.26
63	71.31	70.63	69.95	69.30	68.65	68.04	67.39	66.78	66.47	65.58	65 »	64.43	63.87	63.32	62.78	62.25
64	72.45	71.75	71.07	70.40	69.74	69.09	68.46	67.84	67.22	66.62	66.03	65.45	64.89	64.33	63.78	63.24
65	73.58	72.87	72.48	71.50	70.83	70.47	69.53	68.90	68.27	67.66	67.07	66.48	65.90	65.33	64 77	64.22
66	74.71	73.99	73.29	72.60	71.92	71.25	70.60	69.96	69.32	68.71	68.10	67.50	66.94	66.34	65.77	65.21
67	75.84	75.11	74.40	73.70	73.01	72.33	71.67	71.02	70.37	69.75	69.13	68.52	67.93	67.34	66.77	66.20
68	76.97	76.23	75.51	74.80	74.10	73.44	72.74	72.08	71.43	70.79	70.16	69.55	68.94	68.35	67.76	67.19
69	78.11	77.35	76.62	75.90	75.19	74.49	73.81	73.14	72.48	71.83	71.19	70.57	69.95	69.35	68.76	68.18
70	79.24	78.48	77.73	77 »	76.28	75.57	74.88	74.20	73.53	72.87	72.22	71.59	70.97	70.36	69.75	69.16
71	80.37	79.60	78.84	78.10	77.36	76.65	75.95	75.26	74.58	73.91	73.26	72.64	71.98	71.36	70.75	70.45
72	81.50	80.72	79.95	79.20	78.45	77.73	77.04	76.32	75.63	74.96	74.29	73.64	73 »	72.37	71.75	71.14
73	82.63	81.84	81.06	80.30	79.54	78.84	78.08	77.38	76.68	76 »	75.32	74.66	74.01	73.37	72.74	72.43
74	83.77	82.96	82.17	81.40	80.63	79.89	79.15	78.44	77.73	77.04	76.35	75.68	75.02	74.38	73.74	73.12
75	84.90	84.08	83.28	82.50	81.72	80.97	80.22	79.50	78.78	78.08	77.38	76.71	76.04	75.38	74.74	74.40
76	86.03	85.20	84.39	83.60	82.81	82.05	81.29	80.56	79.83	79.12	78.42	77.73	77.05	76.39	75.73	75.09
77	87.16	86.32	85.50	84.70	83.90	83.43	82.36	81.62	80.88	80.16	79.45	78.75	78.07	77.39	76.73	76.08
78	88.29	87.44	86.64	85.80	84.99	84.21	83.43	82.68	81.93	81.20	80 48	79.77	79.08	78.40	77.73	77.07
79	89.43	88.57	87.72	86.90	86.08	85.29	84.50	83.74	82.98	82.24	81.51	80.80	80.09	79.40	78.72	78.06
80	90.56	89.69	88.83	88 »	87.17	86.36	85.57	84.80	84.03	83.28	82.54	81.82	81.11	80.41	79.72	79.05
81	91.69	90.81	89.94	89.10	88.26	87.44	86.64	85.86	85.08	84.32	83.57	82.84	82.12	81.41	80.72	80.03
82	92.82	91.93	91.05	90.20	89.35	88.52	87.71	86.92	86.13	85.37	84.61	83.87	83.14	82.42	81.71	81.02
83	93.95	93.05	92.16	91.30	90.44	89.60	88.78	87.98	87.18	86.41	85.64	84.89	84.15	83.42	82.71	82.04
84	95.09	94.17	93.27	92.40	91.53	90.68	89.85	89.04	88.23	87.45	86.67	85.94	85.16	84.43	83.71	83 »
85	96.22	95.29	94.38	93.50	92.62	91.76	90.92	90.10	89.28	88.49	87.70	86.93	86.18	85.43	84.70	83.99
86	97.35	96.44	95.49	94.60	93.74	92.84	91.99	91.16	90.33	89.53	88.73	87.96	87.19	86.44	85.70	84.97
87	98.48	97.53	96.60	95.70	94.80	93.92	93.06	92.22	91.38	90.57	89.77	88.98	88.21	87.44	86.70	85.96
88	99.64	98.66	97.74	96.80	95.89	95 »	94.43	93.28	92.43	91.64	90.80	90 »	89.22	88.45	87.69	86.95
89	100.75	99.78	98.82	97.90	96.98	96.08	95.20	94.34	93.48	92.65	91.83	91.02	90.23	89.45	88.69	87.94
90	101.88	100.90	99.94	99 »	98.07	97.16	96.27	95.40	94.54	93.69	92.86	92.05	91.25	90.46	89.69	88.93

OBSERVATIONS.

Changes — ducats 0.20.60 à 23 60 = 1 franc.

BASES DES CALCULS.

1 botte = millerolles 6.70.
1 » = hectolitres 4.288.
1 hectolitre = botte 0.2332.

1 botte : duc. 60 : : bottes 0.2332 : X = duc. 13.99.
Duc. 0.20.60 : 1 franc : : duc 13.99 : X = fr. 67.92.

Ces comptes sont établis de prix à prix pour les rendre invariables. Les frais et les droits actuels, à Gioja, s'élèvent à duc. 12.31 par botte, suivant détail à la table page 40, plus censerie et commission.

Le droit de douane, en France, est actuellement de fr.12 les 100 k^{mes}, poids brut, soit fr. 10, plus deux dixièmes.

A Marseille, les frais (droits compris), s'élèvent à fr. 10.16 la *millerolle*, suivant détail à la table 42, *ce qui revient* à fr. 15.87 l'hectolitre, *plus censerie,* commission, fret et assurance.

La *différence entre cette table et la table des Ressences* consiste dans le rendement et dans le mode de paiement à Marseille; les frais sont les mêmes. *Le rendement des huiles est calculé à millerolles* 6.70 de Marseille, pour une botte, tandis que le rendement des Ressences est calculé à 6.40, parce qu'elles comportent toujours une réduction de 3 à 5 % pour le brut. Quant au paiement, il est d'usage à Marseille de le faire au comptant pour les huiles et à trois mois pour les ressences, ce qui forme une différence de 1 fr. environ par 64 litres.

CHANGES

Values are *liv. sterl. — la tonne*; the "Ducats" column is *la botte*.

Ducats	5,30	5,35	5,40	5,45	5,50	5,55	5,60	5,65	5,70	5,75	5,80	5,85	5,90	5,95	6	6,05
60	29.63	29.36	29.08	28.82	28.56	28.30	28.07	27.80	27.55	27.31	27.08	26.85	26.62	26.40	26.18	25.96
61	30.13	29.85	29.57	29.30	29.03	28.77	28.54	28.26	28.01	27.77	27.53	27.29	27.06	26.84	26.61	26.39
62	30.62	30.33	30.05	29.78	29.51	29.24	28.98	28.72	28.47	28.22	27.98	27.74	27.51	27.28	27.05	26.82
63	31.11	30.82	30.54	30.26	29.98	29.71	29.45	29.19	28.93	28.68	28.43	28.19	27.95	27.72	27.48	27.26
64	31.61	31.31	31.02	30.74	30.46	30.18	29.92	29.65	29.39	29.13	28.88	28.64	28.39	28.16	27.92	27.69
65	32.10	31.80	31.51	31.22	30.94	30.66	30.38	30.11	29.85	29.59	29.34	29.08	28.84	28.60	28.36	28.12
66	32.60	32.29	31.99	31.70	31.41	31.13	30.85	30.58	30.31	30.05	29.79	29.53	29.28	29.04	28.79	28.55
67	33.09	32.78	32.48	32.18	31.89	31.60	31.32	31.04	30.77	30.50	30.24	29.98	29.72	29.48	29.23	28.99
68	33.58	33.27	32.96	32.66	32.36	32.07	31.79	31.50	31.23	30.96	30.69	30.43	30.17	29.92	29.67	29.42
69	34.08	33.76	33.45	33.14	32.84	32.54	32.25	31.97	31.69	31.41	31.14	30.87	30.61	30.36	30.11	29.85
70	34.57	34.25	33.93	33.62	33.32	33.01	32.72	32.43	32.14	31.87	31.59	31.32	31.06	30.80	30.54	30.29
71	35.07	34.74	34.42	34.10	33.79	33.49	33.19	32.89	32.60	32.32	32.04	31.77	31.50	31.24	30.97	30.72
72	35.56	35.23	34.90	34.58	34.27	33.96	33.66	33.36	33.06	32.78	32.49	32.22	31.94	31.68	31.41	31.15
73	36.05	35.72	35.39	35.06	34.74	34.43	34.12	33.82	33.52	33.23	32.95	32.66	32.39	32.12	31.85	31.58
74	36.55	36.21	35.87	35.54	35.22	34.90	34.59	34.28	33.98	33.69	33.40	33.11	32.83	32.56	32.28	32.02
75	37.04	36.70	36.36	36.02	35.70	35.37	35.06	34.75	34.44	34.14	33.85	33.56	33.27	33 »	32.72	32.45
76	37.54	37.18	36.84	36.50	36.17	35.84	35.53	35.21	34.90	34.60	34.30	34.01	33.72	33.44	33.16	32.88
77	38.03	37.67	37.33	36.98	36.65	36.32	35.99	35.67	35.36	35.05	34.75	34.45	34.16	33.88	33.59	33.31
78	38.52	38.16	37.81	37.46	37.12	36.79	36.46	36.14	35.82	35.51	35.20	34.90	34.61	34.32	34.03	33.75
79	39.02	38.65	38.30	37.94	37.60	37.26	36.93	36.60	36.28	35.96	35.65	35.35	35.05	34.76	34.46	34.18
80	39.51	39.14	38.78	38.42	38.08	37.73	37.40	37.06	36.74	36.42	36.10	35.80	35.49	35.20	34.90	34.61
81	40 »	39.63	39.26	38.90	38.55	38.20	37.86	37.53	37.20	36.87	36.56	36.24	35.94	35.64	35.34	35.05
82	40.50	40.12	39.75	39.38	39.03	38.68	38.33	37.99	37.66	37.33	37.01	36.69	36.38	36.08	35.77	35.48
83	40.99	40.61	40.23	39.86	39.50	39.15	38.80	38.45	38.11	37.79	37.46	37.14	36.82	36.52	36.21	35.91
84	41.49	41.10	40.72	40.34	39.98	39.62	39.27	38.92	38.57	38.24	37.91	37.59	37.27	36.96	36.65	36.34
85	41.98	41.59	41.20	40.82	40.46	40.09	39.73	39.38	39.03	38.70	38.36	38.03	37.71	37.40	37.08	36.78
86	42.47	42.08	41.69	41.30	40.93	40.56	40.20	39.84	39.49	39.15	38.81	38.48	38.16	37.84	37.52	37.21
87	42.97	42.57	42.17	41.79	41.41	41.03	40.67	40.31	39.95	39.61	39.27	38.93	38.60	38.28	37.96	37.64
88	43.46	43.06	42.66	42.27	41.88	41.54	41.14	40.77	40.41	40.06	39.72	39.38	39.04	38.72	38.39	38.07
89	43.96	43.55	43.14	42.75	42.36	41.98	41.60	41.23	40.87	40.52	40.17	39.82	39.49	39.16	38.83	38.51
90	44.45	44.04	43.63	43.23	42.84	42.45	42.07	41.70	41.33	40.97	40.62	40.27	39.93	39.60	39.27	38.94

OBSERVATIONS.

Changes — ducats 5.30 à 6.05 pour une livre sterling, soit 20 schellings.

BASES DES CALCULS.

1 tonne = bottes 2.618.

1 botte : duc. 60 : : bottes 2.618 : X = duc 157.08.

duc. 5.30 : 1 livre sterl. : : duc. 157.08 : X = liv. sterl. 29.63.

Ces comptes, comme tous les autres, sont établis de prix à prix pour les rendre invariables. La livre sterling a été divisée en centièmes.

FRAIS A GIOJA.

Droits actuels..... duc. 10.25
Droit de fleuve.... « 20
Frais divers...... « 63

(par botte) duc. 11.08

Plus le prix de la futaille qui revient ordinairement à duc. 3.50 par botte; et plus censerie et commission.

Il faut ensuite ajouter le nolis et l'assurance.

L'huile d'olive est exempte de droit en Angleterre. Les frais de débarquement s'élèvent de 7 à 10 schellings par tonne. Les ventes se font ordinairement à 4 mois.

Si la hausse des prix rendait cette table insuffisante, on pourra se servir facilement de la table GALLIPOLI ET ANGLETERRE, page 36, qui s'élève jusqu'à duc. 45 la salme, soit duc. 123.75 la botte; la botte étant égale à salmes 2 3/4.

CHANGES

PRIX ducats. la botte.	20,60	20,80	21	21,20	21,40	21,60	21,80	22	22,20	22,40	22,60	22,80	23	23,20	23,40	23,60
	francs la millerolle	francs la millerolle	francs la millerolle	francs la millerolle	francs la millerolle	francs la millerolle	francs la millerolle	francs la millerolle	francs la millerolle	francs la millerolle	francs la millerolle	francs la millerolle	francs la millerolle	francs la millerolle	francs la millerolle	francs la millerolle
60	43.47	43.05	42.64	42.24	41.84	41.45	41.07	40.70	40.33	39.97	39.62	39.27	38.93	38.60	38.27	37.94
61	44.49	43.77	43.35	42.94	42.54	42.15	41.76	41.38	41.04	40.64	40.28	39.93	39.58	39.24	38.90	38.57
62	44.92	44.48	44.06	43.64	43.24	42.84	42.44	42.06	41.68	41.31	40.94	40.58	40.23	39.88	39.54	39.21
63	45.64	45.20	44.77	44.35	43.93	43.53	43.13	42.74	42.35	41.97	41.60	41.24	40.88	40.52	40.18	39.84
64	46.36	45.92	45.48	45.05	44.63	44.22	43.81	43.42	43.02	42.64	42.26	41.89	41.53	41.17	40.82	40.47
65	47.09	46.64	46.19	45.76	45.33	44.91	44.50	44.09	43.70	43.31	42.92	42.55	42.18	41.81	41.45	41.10
66	47.81	47.35	46.90	46.46	46.03	45.60	45.18	44.77	44.37	43.97	43.58	43.20	42.82	42.45	42.09	41.74
67	48.54	48.07	47.61	47.16	46.72	46.29	45.87	45.45	45.04	44.64	44.24	43.85	43.47	43.10	42.73	42.37
68	49.26	48.79	48.32	47.87	47.42	46.98	46.55	46.13	45.71	45.30	44.90	44.51	44.12	43.74	43.37	43.
69	49.99	49.51	49.04	48.57	48.12	47.67	47.24	46.81	46.38	45.97	45.56	45.16	44.77	44.38	44.04	43.63
70	50.71	50.22	49.75	49.28	48.82	48.36	47.92	47.49	47.06	46.64	46.22	45.82	45.42	45.03	44.64	44.27
71	51.44	50.94	50.46	49.98	49.51	49.05	48.60	48.17	47.73	47.30	46.88	46.47	46.07	45.67	45.28	44.90
72	52.16	51.66	51.17	50.68	50.21	49.75	49.29	48.84	48.40	47.97	47.54	47.13	46.72	46.31	45.92	45.53
73	52.89	52.38	51.88	51.39	50.91	50.44	49.97	49.52	49.07	48.64	48.21	47.78	47.37	46.96	46.56	46.16
74	53.61	53.09	52.59	52.09	51.61	51.13	50.66	50.20	49.75	49.30	48.87	48.44	48.02	47.60	47.19	46.79
75	54.33	53.81	53.30	52.80	52.30	51.82	51.34	50.88	50.42	49.97	49.53	49.09	48.66	48.24	47.83	47.43
76	55.06	54.53	54.01	53.50	53	52.51	52.03	51.56	51.09	50.63	50.19	49.75	49.31	48.89	48.47	48.06
77	55.78	55.25	54.72	54.20	53.70	53.20	52.71	52.24	51.76	51.30	50.85	50.40	49.96	49.53	49.11	48.69
78	56.51	55.96	55.43	54.91	54.40	53.89	53.40	52.91	52.44	51.97	51.51	51.06	50.61	50.17	49.75	49.32
79	57.23	56.68	56.14	55.61	55.09	54.58	54.08	53.59	53.11	52.63	52.17	51.71	51.26	50.82	50.38	49.96
80	57.96	57.40	56.85	56.32	55.79	55.27	54.77	54.27	53.78	53.30	52.83	52.36	51.91	51.46	51.02	50.59
81	58.68	58.12	57.56	57.02	56.49	55.96	55.45	54.95	54.45	53.97	53.49	53.02	52.56	52.10	51.66	51.22
82	59.41	58.84	58.27	57.72	57.19	56.66	56.14	55.63	55.12	54.63	54.15	53.67	53.21	52.75	52.30	51.85
83	60.13	59.55	58.99	58.43	57.88	57.35	56.82	56.31	55.80	55.30	54.81	54.33	53.86	53.39	52.94	52.49
84	60.86	60.27	59 70	59.13	58.58	58.04	57.51	56.99	56.47	55.96	55.47	54.98	54.50	54.03	53.57	53.12
85	61.58	60.99	60.41	59.84	59.28	58.73	58.19	57.66	57.14	56.63	56.13	55.64	55.15	54.68	54.21	53.75
86	62.30	61.71	61.12	60.54	59.98	59.42	58.87	58.34	57.81	57.30	56.79	56.29	55.80	55.32	54.85	54.38
87	63.03	62.42	61.83	61.25	60.67	60.11	59.56	59.02	58.49	57.96	57.45	56.95	56.45	55.96	55.49	55.02
88	63.75	63.14	62.54	61.95	61.57	60.80	60.24	59.70	59.16	58.63	58.11	57.60	57.10	56.61	56.12	55.65
89	64.48	63.86	63.25	62.65	62.07	61.49	60.93	60.38	59.83	59.30	58.77	58.26	57.75	57.25	56.76	56.28
90	65.20	64.58	63.96	63.36	62.77	62.18	61.61	61.06	60.50	59.96	59.43	58.94	58.40	57.90	57.40	56.94

OBSERVATIONS.

Changes — 1 duc. 0.20.60 à 0.23.60
= 1 franc.

BASES DES CALCULS.

1 botte = millerolles 6.70.
1 » = hectol. 4.288.

mill. 6.70 : duc. 60 : : 1 mill. : X
= duc 8.95.
duc 0.20.60 : 1 fr. : : duc 8.95 : X
= fr. 43.47.

Ces comptes ont été établis de prix à prix, comme tous les autres, pour les rendre invariables.

Nous donnons un aperçu des frais et des droits actuels, et nos lecteurs auront soin de s'assurer qu'il ne soit survenu quelque changement, surtout dans les droits.

FRAIS A GIOJA.

Droit de sortie.......... duc. 10.25
Droit de fleuve.. .... » 20
Frais divers.. .... » 63
Loyer de futailles........ » 1.23
(par botte) duc. 12.31

Plus censerie et commission.

FRAIS A MARSEILLE.

Par millerolle, suivant détail à la table page 42 .... fr. 10.16
Plus censerie 1/3 0/0...... »
commission 2 0/0...... »
fret............. »
assurance .... »

L'huile d'olive à Marseille se vend ordinairement au comptant et sans escompte.

La botte de Gioja devrait rendre mill. 6.87 1/2 , soit hectolitres 4.40 ; mais il y a toujours 1 0/0 environ de manque pour coulage. Nous avons pris le rapport de 6.70 comme rendement moyen des belles huiles n'ayant pas de brut.

CHANGES

PRIX Ducats la botte	20,60	20,80	21	21,20	21,40	21,60	21,80	22	22,20	22,40	22,60	22,80	23	23,20	23,40	23,60
	francs l'hectolitre.	francs l'hectolitre.	francs l'hectolitre.	francs l'hectolitre.	francs l'hectolitre.	francs l'hectolitre.	francs l'hectolitre.	francs l'hectolitre.	francs l'hectolitre.	francs l'hectolitre.	francs l'hectolitre.	francs l'hectolitre.	francs l'hectolitre.	francs l'hectolitre.	francs l'hectolitre.	francs l'hectolitre.
60	71.40	70.42	69.75	69.09	68.45	67.81	67.19	66.58	65.98	65.39	64.81	64.24	63.68	63.13	62.60	62.06
61	72.29	71.59	70.94	70.24	69.59	68.94	68.31	67.69	67.08	66.48	65.89	65.31	64.75	64.19	63.64	63.10
62	73.47	72.77	72.07	71.39	70.73	70.07	69.43	68.80	68.18	67.57	66.97	66.38	65.81	65.24	64.68	64.13
63	74.66	73.94	73.24	72.55	71.87	71.20	70.55	69.91	69.28	68.66	68.07	67.45	66.87	66.29	65.73	65.17
64	75.84	75.11	74.40	73.70	73.01	72.33	71.67	71.02	70.38	69.75	69.13	68.53	67.93	67.34	66.77	66.20
65	77.03	76.29	75.56	74.85	74.15	73.46	72.79	72.13	71.48	70.84	70.21	69.60	68.99	68.40	67.84	67.24
66	78.21	77.46	76.72	76 »	75.29	74.59	73.91	73.24	72.58	71.93	71.29	70.67	70.05	69.45	68.86	68.27
67	79.40	78.64	77.89	77.15	76.43	75.72	75.03	74.35	73.68	73.02	72.37	71.74	71.11	70.50	69.90	69.31
68	80.58	79.81	79.05	78.30	77.57	76.85	76.15	75.46	74.78	74.11	73.45	72.81	72.17	71.55	70.94	70.34
69	81.77	80.98	80.21	79.46	78.71	77.98	77.27	76.57	75.88	75.20	74.53	73.88	73.24	72.61	71.99	71.37
70	82.95	82.16	81.37	80.61	79.85	79.11	78.39	77.68	76.98	76.29	75.61	74.95	74.30	73.66	73.03	72.44
71	84.14	83.33	82.54	81.76	80.99	80.24	79.51	78.79	78.08	77.38	76.69	76.02	75.36	74.71	74.07	73.44
72	85.32	84.50	83.70	82.91	82.14	81.37	80.63	79.90	79.18	78.47	77.77	77.09	76.42	75.76	75.12	74.48
73	86.54	85.68	84.86	84.06	83.28	82.50	81.75	81.01	80.28	79.56	78.85	78.16	77.48	76.81	76.16	75.51
74	87.70	86.85	86.02	85.21	84.42	83.63	82.87	82.12	81.38	80.65	79.93	79.23	78.54	77.87	77.20	76.55
75	88.88	88.03	87.19	86.37	85.56	84.76	83.99	83.23	82.48	81.74	81.01	80.30	79.60	78.92	78.25	77.58
76	90.07	89.20	88.35	87.52	86.70	85.89	85.11	84.34	83.58	82.83	82.09	81.37	80.67	79.97	79.29	78.64
77	91.25	90.37	89.51	88.67	87.84	87.02	86.23	85.45	84.68	83.92	83.17	82.44	81.73	81.02	80.33	79.65
78	92.44	91.55	90.67	89.82	88.98	88.15	87.35	86.56	85.78	85.01	84.25	83.51	82.79	82.08	81.38	80.68
79	93.62	92.72	91.84	90.97	90.12	89.28	88.47	87.67	86.88	86.10	85.33	84.59	83.85	83.13	82.42	81.72
80	94.81	93.89	93 »	92.12	91.26	90.44	89.59	88.78	87.98	87.19	86.44	85.66	84.91	84.18	83.46	82.75
81	95.99	95.07	94.16	93.27	92.40	91.54	90.71	89.89	89.08	88.28	87.50	86.73	85.97	85.23	84.51	83.79
82	97.18	96.26	95.32	94.43	93.54	92.67	91.83	91 »	90.48	89.37	88.58	87.80	87.03	86.29	85.55	84.82
83	98.36	97.42	96.49	95.58	94.68	93.80	92.95	92.11	91.28	90.46	89.66	88.87	88.09	87.34	86.59	85.86
84	99.55	98.59	97.65	96.73	95.82	94.93	94.07	93.22	92.38	91.55	90.74	89.94	89.16	88.39	87.64	86.89
85	100.73	99.76	98.84	97.88	96.97	96.06	95.19	94.33	93.48	92.64	91.82	91.04	90.22	89.44	88.68	87.92
86	101.92	100.94	99.97	99.03	98.11	97.19	96.31	95.44	94.58	93.73	92.90	92.08	91.28	90.49	89.72	88.96
87	103.10	102.11	101.14	100.18	99.25	98.32	97.43	96.55	95.68	94.82	93.98	93.15	92.34	91.55	90.77	89.99
88	104.29	103.28	102.30	101.34	100.39	99.45	98.55	97.66	96.78	95.91	95.06	94.22	93.40	92.60	91.81	91.03
89	105.47	104.46	103.46	102.49	101.53	100.58	99.67	98.77	97.88	97 »	96.14	95.29	94.46	93.65	92 85	92.67
90	106.66	105.63	104.63	103.64	102.67	101.72	100.79	99.87	98.97	98.09	97.22	96.37	95.53	94.70	93.90	93.40

OBSERVATIONS.

Changes — ducats 0.20.60 à 0.23.60 = 1 franc.

BASES DES CALCULS.

1 botte = millerolles 6.40 rendement moyen à Marseille.
1 botte = hectolitres 4.096.
1 hectolitre = botte 0.24414.
1 botte : duc. 60 :: bottes 0.24414 : X = duc. 14.64.
duc. 0.20.60 : 1 fr. :: duc. 14.64 : X = fr. 71.10

Ces comptes sont établis de prix à prix. Nous donnons un aperçu des frais et des droits actuels, et nos lecteurs auront soin de s'assurer qu'il ne soit survenu quelque changement.

FRAIS A GIOJA.

Droit de sortie. . . . . duc. 10.25
Droit de fleuve. . . . . »   20
Frais divers. . . . . »   63
Loyer de futailles. . . . . . »   1.23

(par botte)   duc. 12 31

Plus censerie et commission.

Frais à Marseille suivant détail à la table page 37. fr. 10.16 les 64 litres (ce qui revient à fr. 15.87 l'hectolitre).
plus : censerie   1/3 %.
        commission 2 %.
    escompte pour trois mois de terme évalué à 1 fr. env. par mill.
Il faut ajouter fret et assurance.
Pour d'autres détails voir le Manuel.

Pour réduire à la millerolle de Marseille multipliez le chiffre de revient par 64 et divisez par 100.

HUILES D'OLIVE RAFFINÉES. — GALLIPOLI OU TARENTE ET MARSEILLE.

CHANGES

PRIX Ducats la salme.	20,60	20,80	21	21,20	21,40	21,60	21,80	22	22,20	22,40	22,60	22,80	23	23,20	23,40	23,60
	francs les 64 litr.	francs les 64 litr.	francs les 64 litr.	francs les 64 litr.	francs les 64 litr.	francs les 64 litr.	francs les 64 litr.	francs les 64 litr.	francs les 64 litr.	francs les 64 litr.	francs les 64 litr.	francs les 64 litr.	francs les 64 litr.	francs les 64 litr.	francs les 64 litr.	francs les 64 litr.
18	36.40	36.05	35.71	35.37	35.04	34.72	34.40	34.09	33.78	33.48	33.18	32.89	32.60	32.32	32.05	31.77
18.50	37.41	37.05	36.70	36.36	36.02	35.68	35.35	35.03	34.72	34.41	34.10	33.80	33.51	33.22	32.94	32.66
19	38.43	38.06	37.69	37.34	36.99	36.65	36.34	35.98	35.66	35.34	35.02	34.72	34.42	34.12	33.83	33.54
19.50	39.44	39.06	38.69	38.32	37.96	37.64	37.27	36.93	36.59	36.27	35.95	35.63	35.32	35.02	34.72	34.42
20	40.45	40.06	39.68	39.30	38.94	38.58	38.22	37.87	37.53	37.20	36.87	36.54	36.23	35.91	35.61	35.30
20.50	41.46	41.06	40.67	40.29	39.94	39.54	39.18	38.82	38.47	38.13	37.79	37.46	37.13	36.81	36.50	36.18
21	42.47	42.06	41.66	41.27	40.88	40.50	40.13	39.77	39.41	39.06	38.71	38.37	38.04	37.71	37.39	37.07
21.50	43.48	43.06	42.65	42.25	41.86	41.47	41.09	40.71	40.35	39.99	39.63	39.29	38.94	38.61	38.28	37.95
22	44.49	44.07	43.65	43.23	42.83	42.43	42.04	41.66	41.29	40.92	40.56	40.20	39.85	39.51	39.17	38.84
22.50	45.50	45.07	44.64	44.22	43.80	43.40	43 »	42.61	42.22	41.85	41.48	41.11	40.75	40.40	40.06	39.72
23	46.52	46.07	45.63	45.20	44.78	44.36	43.95	43.55	43.16	42.78	42.40	42.03	41.66	41.30	40.95	40.60
23.50	47.53	47.07	46.62	46.18	45.75	45.33	44.91	44.50	44.10	43.71	43.32	42.94	42.57	42.20	41.84	41.48
24	48.54	48.07	47.61	47.16	46.72	46.29	45.87	45.45	45.04	44.64	44.24	43.85	43.47	43.10	42.73	42.37
24.50	49.55	49.07	48.61	48.15	47.70	47.26	46.82	46.40	45.98	45.57	45.16	44.77	44.38	44 »	43.62	43.25
25	50.56	50.08	49.60	49.13	48.67	48.22	47.78	47.34	46.92	46.50	46.09	45.68	45.28	44.89	44.51	44.13
25.50	51.57	51.08	50.59	50.11	49.64	49.18	48.73	48.29	47.85	47.43	47.01	46.60	46.19	45.79	45.40	45.01
26	52.58	52.08	51.58	51.10	50.62	50.15	49.69	49.24	48.79	48.36	47.93	47.51	47.09	46.69	46.29	45.90
26.50	53.59	53.08	52.57	52.08	51.59	51.11	50.64	50.18	49.73	49.29	48.85	48.42	48 »	47.59	47.18	46.78
27	54.60	54.08	53.57	53.06	52.56	52.08	51.60	51.13	50.67	50.22	49.77	49.34	48.91	48.48	48.07	47.66
27.50	55.62	55.08	54.56	54.04	53.54	53.04	52.56	52.08	51.61	51.15	50.69	50.25	49.81	49.38	48.96	48.54
28	56.63	56.08	55.55	55.03	54.51	54.01	53.51	53.02	52.55	52.08	51.62	51.16	50.72	50.28	49.85	49.43
28.50	57.64	57.09	56.54	56.01	55.49	54.97	54.47	53.97	53.49	53.01	52.54	52.08	51.62	51.18	50.74	50.34
29	58.65	58.09	57.53	56.99	56.46	55.94	55.42	54.92	54.42	53.94	53.46	52.99	52.53	52.08	51.63	51.19
29.50	59.66	59.09	58.53	57.97	57.43	56.90	56.38	55.86	55.36	54.87	54.38	53.90	53.43	52.97	52.52	52.07
30	60.67	60.09	59.52	58.96	58.44	57.87	57.33	56.81	56.30	55.80	55.30	54.82	54.34	53.87	53.44	52.96
30.50	61.68	61.09	60.51	59.94	59.38	58.83	58.29	57.76	57.24	56.73	56.23	55.73	55.25	54.77	54.30	53.84
31	62.69	62.09	61.50	60.92	60.35	59.79	59.24	58.71	58.18	57.66	57.15	56.65	56.15	55.67	55.19	54.72
31.50	63.71	63.10	62.49	61.90	61.33	60.76	60.20	59.65	59.12	58.59	58.07	57.56	57.06	56.57	56.08	55.60
32	64.72	64.10	63.49	62.89	62.30	61.72	61.16	60.60	60.05	59.52	58.99	58.47	57.96	57.46	56.97	56.49
32.50	65.73	65.10	64.48	63.87	63.27	62.69	62.11	61.55	60.99	60.45	59.91	59.39	58.87	58.36	57.86	57.37
33	66.74	66.10	65.47	64.85	64.25	63.65	63.07	62.49	61.93	61.38	60.83	60.30	59.78	59.26	58.76	58.25

OBSERVATIONS.

Changes — ducats 0.20.60 à 0.23.60 = 1 franc.

BASES DES CALCULS.

1 salme = millerolles 2.40 nettes.

C'est le rendement bon et ordinaire de ces huiles, lorsqu'elles sont de bonne qualité et qu'elles n'ont pas beaucoup de brut.

mill. 2.40 : duc. 18 :: mill. 1 : X = duc. 7.50.

duc. 0.20.60 : 1 franc :: duc. 7.50 : X = fr. 36.40.

Ces comptes sont faits de prix à prix, comme tous les autres, pour les rendre invariables. Nous donnons un aperçu des droits actuels et nos lecteurs auront soin de s'assurer qu'il ne soit survenu quelque changement.

FRAIS A GALLIPOLI.

Droit de sortie.......... duc. 3.73
Droit de province...... 33
Frais d'embarquement.. 34
Loyer de la futaille.... 45
               duc. 4.85

Plus censerie et commission.

FRAIS A MARSEILLE.

Droit de Douane........ fr. 8.50
Octroi................. 80
Chambre de commerce... 51
Jauge et frais......... 85
               fr 10.16

Censerie   1/3 %
Commission   2 %
Escompte pour 3 mois de terme.
Il faut ajouter fret et assurance.
Pour d'autres détails, voir le Manuel,

CHANGES

PRIX Tari le caffisso	40	40,50	41	41,50	42	42,50	43	43,50	44	44,50	45	45,50	46	46,50	47	47,50
	francs l'hectolitre.	francs l'hectolitre.	francs l'hectolitre.	francs l'hectolitre.	francs l'hectolitre.	francs l'hectolitre.	francs l'hectolitre.	francs l'hectolitre.	francs l'hectolitre.	francs l'hectolitre.	francs l'hectolitre.	francs l'hectolitre.	francs l'hectolitre.	francs l'hectolitre.	francs l'hectolitre.	francs l'hectolitre.
15	64.44	63.65	62.87	62.11	61.37	60.65	59.95	59.26	58.58	57.93	57.28	56.65	56.04	55.43	54.84	54.27
15 1/2	66.59	65.77	64.97	64.18	63.42	62.67	61.94	61.23	60.54	59.86	59.19	58.54	57.90	57.28	56.67	56 08
16	68.74	67.89	67.06	66.25	65.47	64.70	63.94	63.21	62.49	61.79	61.10	60.43	59.77	59.13	58.50	57.89
16 1/2	70.89	70.04	69.46	68.32	67.51	66.72	65.94	65.18	64.44	63.72	63.01	62.32	61.64	60.98	60.33	59.70
17	73.04	72.13	71.25	70.40	69.56	68.74	67.94	67.16	66.40	65.65	64.92	64.20	63.51	62.83	62.16	61.51
17 1/2	75.18	74.26	73.35	72.47	71.60	70.76	69.94	69.43	68.35	67.58	66.83	66.09	65 38	64.67	63 98	63.31
18	77.33	76.38	75.45	74.54	73.65	72.78	71.94	71.11	70.30	69.51	68.74	67.98	67.24	66.52	65.84	65.12
18 1/2	79.48	78.50	77.54	76.61	75.69	74.80	73.93	73.08	72.25	71.44	70.65	69.87	69.11	68.37	67.64	66.93
19	81.63	80.62	79.64	78.68	77.74	76.83	75.93	75.06	74.21	73.37	72.56	71.76	70.98	70.22	69.47	68.74
19 1/2	83.78	82.74	81.73	80.75	79.79	78.85	77.93	77.04	76.16	75.30	74.47	73.65	72.85	72.06	71.30	70.55
20	85.92	84.86	83.83	82.82	81.83	80.87	79.93	79.01	78.11	77.24	76.38	75.54	74.72	73.91	73.13	72.36
20 1/2	88.07	86.99	85.92	84.89	83.88	82.89	81.93	80.99	80.07	79.47	78.29	77.42	76.58	75.76	74.95	74.47
21	90.22	89.11	88.02	86.96	85.92	84.91	83.93	82.96	82.02	81.10	80.20	79.31	78.45	77.61	76.78	75.98
21 1/2	92.37	91.23	90.12	89.03	87.97	86.93	85.92	84.94	83.97	83.03	82.11	81.20	80.32	79.46	78.61	77.79
22	94.52	93.35	92.21	91.10	90.02	88.96	87.92	86.91	85.92	84.96	84.01	83.09	82.19	81.30	80.44	79.60
22 1/2	96.67	95.47	94.31	93.17	92.06	90.98	89.92	88.89	87.88	86.89	85.92	84.98	84.06	83.15	82.27	81.41
23	98.81	97.59	96.40	95.24	94.11	93 »	91.92	90.86	89.83	88.82	87.83	86.87	85.92	85 »	84.10	83.21
23 1/2	100.96	99.72	98.50	97.31	96.15	95.02	93.92	92.84	91.78	90.75	89.74	88.76	87.79	86.85	85.92	85.02
24	103.11	101.84	100.60	99.38	98.20	97.04	95.92	94.81	93.74	92.68	91 65	90.64	89.66	88.70	87.75	86.83
24 1/2	105.26	103.96	102.69	101.45	100.25	99.07	97.91	96.79	95.69	94.61	93.56	92.53	91.53	90.54	89.58	88.64
25	107.41	106.08	104.79	103.53	102.29	101.09	99.91	98.77	97.64	96.54	95.47	94.42	93.40	92.39	91.44	90.45
25 1/2	109.55	108.20	106.88	105.60	104.34	103.11	101.91	100.74	99.59	98.47	97.38	96.31	95.26	94.24	93.24	92.26
26	111.70	110.32	108.98	107.67	106.38	105.13	103.94	102.72	101.55	100.40	99.29	98.20	97.13	96.09	95.06	94.07
26 1/2	113.85	112.45	111.07	109.74	108.43	107.15	105.91	104.69	103.50	102.33	101.20	100.09	99 »	97.94	96.89	95.88
27	116 »	114.57	113.17	111.81	110.48	109.17	107.91	106.67	105.45	104.26	103.11	101.97	100.87	99.78	98.72	97.69
27 1/2	118.15	116.69	115.27	113.88	112.52	111.20	109.90	108.64	107.41	106.19	105.02	103.86	102.74	101.63	100.55	99.50
28	120.30	118.81	117.36	115.95	114.57	113.22	111.90	110.62	109.36	108.12	106.93	105.75	104.60	103.48	102.38	101.31
28 1/2	122.44	120.93	119.46	118.02	116.61	115.24	113.90	112.59	111.31	110.05	108.84	107.64	106.47	105.33	104.21	103.11
29	124.59	123.05	121.55	120.09	118.66	117.26	115.90	114.57	113.26	111.98	110.75	109.53	108.34	107.17	106.03	104.92
29 1/2	126.74	125.18	123.65	122.16	120.70	119.28	117.90	116.54	115.22	113.91	112.66	111.42	110.21	109.02	107.86	106.73
30	128.89	127.30	125.75	124.23	122.75	121.31	119.90	118.52	117.17	115.86	114.57	113.31	112.08	110.87	109.69	108.54

OBSERVATIONS.

Changes— grains 40 à 47.50 = 1 franc.
     20 » = 1 tari.
     30 tari = 1 once.

BASES DES CALCULS.

Caffissi 5 1/2 = 1 millerolle de 64 lit.
1 hectolitre = caffissi 8.593.

1 caffisso : 15 tari : : caffissi 8.593 :
    X = tari 128.89.
1 tari : 20 grains : : tari 128.89 : X
    = grains 2577.9.
40 grains : 1 franc : : grains 2577.9 :
    X = fr. 64.44.

Tous ces comptes sont établis de prix à prix pour les rendre invariables.

Le tari se divise en 20 grains, mais nous l'avons divisé en centièmes.

Le droit de sortie, en Sicile, a été tarifé en 1856 à ducats 1.10 par chaque cantaro, poids de Naples, par navire napolitain ou assimilé (1) plus une surtaxe de 2 1/2 % : ce qui revient à tari 1.38/100 par chaque caffisso de rotoli 13 3/4 siciliens.

FRAIS A MILAZZO.

Droit de sortie par caffisso tari.. 1.38
Frais divers 12
        tari... 1.50
censerie .... »
commission 2 %.... »

FRAIS EN FRANCE.

Voir le détail aux tables pages 26 et 42.

(1) Le droit de sortie par pavillon étranger fut fixé à duc. 1.70 par cantaro napolitain plus 2 1/2 0/0, ce qui revient à tari 2 13/100 par caffisso.

CHANGES

PRIX — Onces et tari le cantaro	40	40,50	41	41,50	42	42,50	43	43,50	44	44,50	45	45,50	46	46,50	47	47,50
	francs les 64 litres.	francs les 64 litres.	francs les 64 litres.	francs les 64 litres.	francs les 64 litres.	francs les 64 litres.	francs les 64 litres.	francs les 64 litres.	francs les 64 litres.	francs les 64 litres.	francs les 64 litres.	francs les 64 litres.	francs les 64 litres.	francs les 64 litres.	francs les 64 litres.	francs les 64 litres.
4 »	44.40	43.85	43.31	42.79	42.28	41.78	41.30	40.82	40.36	39.91	39.46	39.03	38.60	38.19	37.78	37.38
4.05	46.25	45.67	45.12	44.57	44.04	43.52	43.02	42.52	42.04	41.57	41.11	40.65	40.21	39.78	39.36	38.94
4.10	48.10	47.50	46.92	46.36	45.80	45.27	44.74	44.22	43.72	43.23	42.75	42.28	41.82	41.37	40.93	40.50
4.15	49.95	49.33	48.73	48.14	47.57	47.01	46.46	45.93	45.40	44.89	44.39	43.91	43.43	42.96	42.51	42.06
4.20	51.80	51.16	50.53	49.92	49.33	48.75	48.18	47.63	47.09	46.56	46.04	45.53	45.04	44.55	44.08	43.62
4.25	53.65	52.98	52.34	51.71	51.09	50.49	49.90	49.33	48.77	48.22	47.68	47.16	46.65	46.15	45.65	45.17
5 »	55.50	54.81	54.14	53.49	52.85	52.23	51.62	51.03	50.45	49.88	49.33	48.79	48.26	47.74	47.23	46.73
5.05	57.35	56.64	55.95	55.27	54.62	53.97	53.34	52.73	52.13	51.55	50.97	50.44	49.86	49.33	48.80	48.29
5.10	59.20	58.46	57.75	57.05	56.38	55.71	55.06	54.43	53.81	53.21	52.62	52.04	51.47	50.92	50.38	49.85
5.15	61.05	60.29	59.56	58.84	58.14	57.45	56.79	56.13	55.49	54.87	54.26	53.66	53.08	52.51	51.95	51.40
5.20	62.90	62.12	61.36	60.62	59.90	59.19	58.51	57.83	57.18	56.53	55.91	55.29	54.69	54.10	53.53	52.96
5.25	64.75	63.94	63.16	62.40	61.66	60.93	60.23	59.53	58.86	58.20	57.55	56.92	56.30	55.69	55.10	54.52
6 »	66.60	65.77	64.97	64.19	63.43	62.68	61.95	61.24	60.54	59.86	59.19	58.54	57.91	57.28	56.68	56.08
6.05	68.45	67.60	66.77	65.97	65.19	64.42	63.67	62.94	62.22	61.52	60.84	60.17	59.52	58.88	58.25	57.64
6.10	70.30	69.43	68.58	67.75	66.93	66.16	65.39	64.64	63.90	63.19	62.48	61.80	61.12	60.47	59.82	59.19
6.15	72.45	71.25	70.38	69.54	68.71	67.90	67.11	66.34	65.59	64.85	64.13	63.42	62.73	62.06	61.40	60.75
6.20	74 »	73.08	72.19	71.32	70.47	69.64	68.83	68.04	67.27	66.51	65.77	65.05	64.34	63.65	62.97	62.31
6.25	75.85	74.91	73.99	73.10	72.24	71.38	70.55	69.74	68.95	68.17	67.42	66.68	65.95	65.24	64.55	63.87
7 »	77.70	76.73	75.80	74.89	74 »	73.12	72.27	71.44	70.63	69.84	69.06	68.30	67.56	66.83	66.12	65.42
7.05	79.55	78.56	77.60	76.67	75.76	74.86	73.99	73.14	72.31	71.50	70.71	69.93	69.17	68.42	67.70	66.98
7.10	81.40	80.39	79 44	78.45	77.52	76.60	75.72	74.84	73.99	73.16	72.35	71.55	70.78	70.04	69.27	68.54
7.15	83.25	82.22	81.24	80.24	79.28	78.34	77.44	76.55	75.68	74.83	73.99	73.18	72.38	71.61	70.84	70.10
7.20	85.10	84.04	83.02	82.02	81.05	80.09	79.16	78.25	77.36	76.49	75.64	74.81	73.99	73.20	72.42	71.66
7.25	86.95	85.87	84.82	83.80	82.81	81.83	80.88	79.95	79.04	78.15	77.28	76.43	75.60	74.79	73.99	73.21
8 »	88.80	87.70	86.63	85.58	84.57	83.57	82.60	81.65	80.72	79.81	78.93	78.06	77.21	76.38	75.57	74.77
8.05	90.65	89.52	88.43	87.37	86.33	85.31	84.32	83.35	82.40	81.48	80.57	79.69	78.82	77.97	77.14	76 33
8.10	92.50	91.35	90.24	89.15	88.09	87.05	86.04	85.05	84.09	83.14	82.22	81.34	80.43	79.56	78.72	77.89
8.15	94.35	93.48	92.04	90.93	89.86	88.79	87.76	86.75	85.77	84.80	83.86	82.94	82.04	81.15	80.29	79.45
8.20	96.20	95.04	93.85	92.72	91.62	90.53	89.48	88.45	87.45	86.47	85.50	84.56	83.64	82.74	81.87	81 »
8.25	98.05	96.83	95.65	94.50	93.38	92.27	91.20	90.15	89.13	88.13	87.15	86.19	85.25	84.34	83.44	82.56
9 »	99.90	98.66	97.46	96.28	95.44	94.02	92.93	91.86	90.81	89.79	88.79	87.82	86.86	85.93	85.02	84.12

OBSERVATIONS.

Changes — grains 40 à 40.50 = 1 franc.
20 grains = 1 tari.
30 tari = 1 once.

BASES DES CALCULS.

1 cantaro de 100 rotoli = litres 86.
1 millerolle = cantara 0.74.
(mill. 1 1/3 env. = 1 cantaro.)

1 cantaro : onces 4 = tari 120 : : cant.
0.74 : X = tari 88.8.
1 tari : 20 grains : : tari 88.8 : X = grains 1776.
40 grains : 1 franc : : grains 1776 : X = fr. 44.40.

Tous ces comptes sont établis de prix à prix, comme tous les autres, pour les rendre invariables.

Le droit de sortie, en Sicile, est actuellement de ducats 1.10 par cantaro napolitain et par pavillon napolitain ou assimilé, plus 2 1/2 %, ce qui revient à tari 10.03/100 par cantaro sicilien, soit onces 0 3345 (1).

Les frais à Palerme s'élèvent à un tari environ par cantaro, soit onces 0.033, plus la commission. Ainsi nous disons :

Droit de sortie........ onces 0.334
Frais................ » 0.033
————
0.367
Commission..... »

Les droits et frais à Marseille s'élèvent à fr. 10.16, plus censerie, futaille, fret et assurance ; voir les tables pages 26 et 42.

(1) Par pavillon étranger, duc. 1.70 par cant. nap. plus 2 1/2 0/0 soit tari 15 1,2 par cantaro sicilien, soit onces 0.517.

HUILES D'OLIVE. — SICILE, MILAZZO ET MARSEILLE.

CHANGES

PRIX tari. le caffisso	40	40,50	41	41,50	42	42,50	43	43,50	44	44,50	45	45,50	46	46,50	47	47,50
	francs la millerolle	francs la millerolle	francs la millerolle	francs la millerolle	francs la millerolle	francs la millerolle	francs la millerolle	francs la millerolle	francs la millerolle	francs la millerolle	francs la millerolle	francs la millerolle	francs la millerolle	francs la millerolle	francs la millerolle	francs la millerolle
15	41.25	40.74	40.24	39.75	39.28	38.82	38.37	37.93	37.50	37.07	36.66	36.26	35.86	35.48	35.10	34.73
15 1/2	42.62	42.09	41.58	41.08	40.59	40.14	39.65	39.19	38.75	38.31	37.88	37.47	37.06	36.66	36.27	35.89
16	44 »	43.45	42.92	42.40	41.90	41.41	40.93	40.45	40 »	39.55	39.11	38.68	38.26	37.84	37.44	37.05
16 1/2	45.37	44.81	44.26	43.73	43.21	42.70	42.20	41.72	41.25	40.78	40.33	39.88	39.45	39.03	38.61	38.21
17	46.75	46.17	45.60	45.06	44.52	43.99	43.48	42.98	42.50	42.02	41.55	41.09	40.65	40.24	39.78	39.36
17 1/2	48.12	47.53	46.95	46.38	45.83	45.29	44.76	44.25	43.75	43.25	42.77	42.30	41.84	41.39	40.95	40.52
18	49.50	48.88	48.29	47.71	47.14	46.58	46.04	45.51	45 »	44.49	43.99	43.54	43.04	42.58	42.12	41.68
18 1/2	50.87	50.24	49.63	49.03	48.45	47.88	47.32	46.78	46.25	45.72	45.22	44.72	44.23	43.76	43.29	42.84
19	52.25	51.60	50.97	50.36	49.76	49.17	48.60	48.04	47.50	46.96	46.44	45.93	45.43	44.94	44.46	43.99
19 1/2	53.62	52.96	52.31	51.68	51.07	50.47	49.88	49.30	48.75	48.20	47.66	47.14	46.62	46.12	45.63	45.15
20	55 »	54.32	53.65	53.01	52.38	51.76	51.16	50.57	50 »	49.43	48.88	48.35	47.82	47.34	46.80	46.31
20 1/2	56.37	55.67	54.99	54.33	53.69	53.03	52.44	51.83	51.25	50.67	50.11	49.55	49.02	48.49	47.97	47.47
21	57.75	57.03	56.34	55.66	54.99	54.35	53.72	53.10	52.50	51.90	51.33	50.76	50.21	49.67	49.14	48.63
21 1/2	59.12	58.39	57.68	56.98	56.30	55.64	54.99	54.36	53.75	53.14	52.55	51.97	51.44	50.85	50.31	49.78
22	60.50	59.75	59.02	58.31	57.64	56.94	56.27	55.63	55 »	54.38	53.77	53.18	52.60	52.04	51.48	50.94
22 1/2	61.87	61.11	60.36	59.63	58.92	58.23	57.55	56.89	56.25	55.64	54.99	54.39	53.80	53.22	52.65	52.10
23	63.25	62.46	61.70	60.96	60.23	59.52	58.83	58.15	57.50	56.85	56.22	55.60	54.99	54.40	53.82	53.26
23 1/2	64.62	63.82	63.04	62.28	61.54	60.82	60.11	59.42	58.75	58.08	57.44	56.81	56.19	55.58	54.99	54.44
24	66 »	65.18	64.38	63.64	62.85	62.11	61.39	60.68	60 »	59.32	58.66	58.02	57.39	56.77	56.16	55.57
24 1/2	67.37	66.54	65.73	64.93	64.16	63.44	62.67	61.95	61.25	60.56	59.88	59.22	58.58	57.95	57.34	56.73
25	68.75	67.90	67.07	66.26	65.47	64.70	63.95	63.21	62.50	61.79	61.10	60.43	59.78	59.13	58.51	57.89
25 1/2	70.12	69.25	68.41	67.59	66.78	65.99	65.23	64.48	63.75	63.03	62.33	61.64	60.97	60.32	59.68	59.05
26	71.50	70.61	69.75	68.91	68.19	67.29	66.51	65.74	65 »	64.26	63.55	62.85	62.17	61.50	60.85	60.20
26 1/2	72.87	71.97	71.09	70.24	69.40	68.58	67.78	67 »	66.25	65.50	64.77	64.06	63.36	62.68	62.02	61.36
27	74.25	73.33	72.43	71.56	70.71	69.88	69.06	68.27	67.50	66.74	65.99	65.27	64.56	63.86	63.19	62.52
27 1/2	75.62	74.69	73.77	72.89	72.02	71.17	70.34	69.53	68.75	67.97	67.22	66.48	65.75	65.05	64.36	63.68
28	77 »	76.04	75.12	74.21	73.33	72.47	71.62	70.80	70 »	69.21	68.44	67.68	66.95	66.23	65.53	64.83
28 1/2	78.37	77.40	76.46	75.54	74.64	73.76	72.90	72.06	71.25	70.44	69.66	68.89	68.14	67.44	66.70	65.99
29	79.75	78.76	77.80	76.86	75.95	75.05	74.18	73.33	72.50	71.68	70.88	70.10	69.34	68.59	67.87	67.15
29 1/2	81.12	80.12	79.14	78.19	77.26	76.35	75.46	74.59	73.75	72.91	72.11	71.31	70.54	69.78	69.04	68.31
30	82.50	81.48	80.48	79.51	78.57	77.64	76.74	75.86	75 »	74.15	73.33	72.52	71.73	70.96	70.21	69.47

OBSERVATIONS.

Changes — grains 40 à 47.50 = 1 fr.
20 » = 1 tari.
30 tari = 1 once.

BASES DES CALCULS.

Caffissi 5 1/2 = 1 mill. de 64 litres.

1 caffisso : tari 15 : : caffissi 5 1/2 : X
= tari 82.50.
1 tari : 20 grains : : tari 82.50 : X
= grains 1650.
40 graines : 1 fr. : : grains 1650 : X
= fr. 41.25.

Tous ces comptes sont établis de prix à prix pour les rendre invariables.

Le tari se divise en 20 grains, mais nous l'avons divisé en centimes.

Le droit de sortie, de Sicile, a été tarifé en 1856 à ducats 1.10 par chaque cantaro, par pavillon napolitain ou assimilé, poids de Naples ; plus une surtaxe de 2 1/2 % : ce qui revient à tari 1.38/100 par chaque caffisso de rotoli 13 3/4 poids de Sicile (1).

FRAIS A MILAZZO.

Droit de sortie, par caffisso tari. 1.38
Frais divers....... 12
                            tari. 1.50
censerie........... »
commission 2 %....... »

FRAIS A MARSEILLE.

Par millerolle, suivant détail page 42................. fr. 10.16
Loyer de futailles.......... » 60
Censerie 1/3 %.......... »
Assurance 1 %.......... »
Nolis et chapeau.......... »
Commission............ »

(1) Par pavillon étranger, tari 2 13/100. (Voir page 43.)

| PRIX | CHANGES | | | | | | | | | | | | | | | | OBSERVATIONS. |
| Tari | 53 | 53 1/2 | 54 | 54 1/2 | 55 | 55 1/2 | 56 | 56 1/2 | 57 | 57 1/2 | 58 | 58 1/2 | 59 | 59 1/2 | 60 | 60 1/2 | |
le caffisso.	liv. sterl. la tonne.	liv. sterl. la tonne.	liv. sterl. la tonne.	liv. sterl. la tonne.	liv. sterl. la tonne.	liv. sterl. la tonne.	liv. sterl. la tonne.	liv. sterl. la tonne.	liv. sterl. la tonne.	liv. sterl. la tonne.	liv. sterl. la tonne.	liv. sterl. la tonne.	liv. sterl. la tonne.	liv. sterl. la tonne.	liv. sterl. la tonne.	liv. sterl. la tonne.	
15	26.88	26.63	26.38	26.14	25.90	25.67	25.44	25.22	25 »	24.78	24.56	24.35	24.15	23.94	23.75	23.55	
15 1/2	27.78	27.52	27.26	27.01	26.77	26.53	26.29	26.06	25.83	25.60	25.38	25.17	24.95	24.74	24.54	24.33	
16	28.67	28.41	28.14	27.88	27.63	27.38	27.14	26.90	26.66	26.43	26.20	25.98	25.76	25.54	25.33	25.12	
16 1/2	29.57	29.29	29.02	28.76	28.49	28.24	27.99	27.74	27.50	27.26	27.02	26.79	26.56	26.34	26.12	25.90	
17	30.47	30.18	29.90	29.63	29.36	29.09	28.83	28.58	28.33	28.08	27.84	27.60	27.37	27.14	26.94	26.69	
17 1/2	31.36	31.07	30.78	30.50	30.22	29.95	29.68	29.42	29.16	28.91	28.66	28.44	28.17	27.94	27.70	27.47	
18	32.26	31.96	31.66	31.37	31.09	30.81	30.53	30.26	30 »	29.73	29.48	29.22	28.98	28.73	28.49	28.26	
18 1/2	33.16	32.85	32.54	32.24	31.95	31.66	31.38	31.10	30.83	30.56	30.30	30.04	29.78	29.53	29.29	29.04	
19	34.05	33.73	33.42	33.11	32.81	32.52	32.23	31.94	31.66	31.39	31.12	30.85	30.59	30.33	30.08	29.83	
19 1/2	34.95	34.62	34.30	33.99	33.68	33.37	33.08	32.78	32.50	32.24	31.93	31.66	31.39	31.13	30.87	30.61	
20	35.84	35.51	35.18	34.86	34.54	34.23	33.92	33.62	33.33	33.04	32.75	32.47	32.20	31.93	31.66	31.40	
20 1/2	36.74	36.40	36.06	35.73	35.40	35.08	34.77	34.46	34.16	33.86	33.57	33.28	33 »	32.73	32.45	32.18	
21	37.64	37.28	36.94	36.60	36.27	35.94	35.62	35.30	35 »	34.69	34.39	34.10	33.81	33.52	33.24	32.97	
21 1/2	38.53	38.17	37.82	37.47	37.13	36.80	36.47	36.15	35.83	35.52	35.21	34.94	34.61	34.32	34.04	33.76	
22	39.43	39.06	38.70	38.34	37.99	37.65	37.32	36.99	36.66	36.34	36.03	35.72	35.42	35.12	34.83	34.54	
22 1/2	40.32	39.95	39.58	39.21	38.86	38.54	38.16	37.83	37.50	37.17	36.85	36.53	36.22	35.92	35.62	35.33	
23	41.22	40.84	40.46	40.09	39.72	39.36	39.04	38 67	38.33	37.99	37.67	37.34	37.03	36.72	36.44	36.11	
23 1/2	42.12	41.72	41.34	40.96	40 59	40.22	39.86	39.51	39.16	38.82	38.49	38.16	37.83	37.52	37.20	36.90	
24	43.01	42.61	42.22	41.83	41.45	41.08	40.74	40.35	40 »	39.65	39.30	38.97	38.64	38.34	38 »	37.68	
24 1/2	43.91	43.50	43.10	42.70	42.31	41.93	41.56	41.19	40.83	40.47	40.12	39.78	39.44	39.11	38.80	38.47	
25	44.81	44.39	43.98	43.57	43.18	42.79	42.41	42.03	41.66	41.30	40.94	40.59	40.25	39.91	39.59	39.25	
25 1/2	45.70	45.27	44.86	44.44	44.04	43.64	43.25	42.87	42.50	42.12	41.76	41.40	41.05	40.71	40.38	40.04	
26	46.60	46.16	45.74	45.31	44.90	44.50	44.10	43.71	43.33	42.95	42.58	42.22	41.86	41.51	41.17	40.82	
26 1/2	47.49	47.05	46.61	46.19	45.77	45.35	44.95	44.55	44.16	43.78	43.40	43.03	42.66	42.31	41.96	41.61	
27	48.39	47.94	47.49	47.06	46.63	46.21	45.80	45.39	45 »	44.60	44.22	43.84	43.47	43.10	42.75	42.39	
27 1/2	49.29	48.83	48.37	47.93	47.49	47.07	46.65	46.23	45.83	45.43	45.04	44.65	44.27	43.90	43.55	43.18	
28	50.18	49.71	49.25	48.80	48.36	47.92	47.49	47.07	46.66	46.25	45.86	45.46	45.08	44.70	44.34	43.96	
28 1/2	51.08	50.60	50.43	49.67	49.22	48.78	48.34	47.92	47.50	47.08	46.67	46.27	45.88	45.50	45.13	44.75	
29	51.98	51.49	51.01	50.54	50.08	49.63	49.19	48.76	48.33	47.91	47.49	47.09	46.69	46.30	45.92	45.53	
29 1/2	52.87	52.38	51.89	51.42	50.95	50.49	50.04	49.60	49.16	48.73	48.34	47.90	47.49	47.10	46.71	46.32	
30	53.77	53.26	52.77	52.29	51.81	51.34	50.89	50.44	50 »	49.56	49.13	48.71	48.30	47.89	47.50	47.10	

OBSERVATIONS.

Changes — tari 53 à 60 1/2 = 1 liv. sterl.

BASES DES CALCULS.

Caffissi 95 = 1 tonne.
1 caffisso = rotoli siciliens 13 3/4.

1 caffisso : tari 15 : : caffissi 95 : X.
= tari 1425.
53 tari : 1 liv. sterl. : : tari 1425 : X.
= liv. sterl. 26.88.

En raison du poids, caffissi 93 4/10 devraient rendre une tonne anglaise; mais comme il y a toujours 1 à 1 1/2 pour 0/0 de manque pour coulage, nous nous en sommes tenu au rendement ordinaire de 95 caffissi pour une tonne.

Tous ces comptes sont établis de prix à prix.

La livre sterling, nous l'avons divisée en centièmes.

Pour le droit de sortie, en Sicile, et pour les frais, voir la table, page 43.

Le prix de la futaille neuve peut être évaluée de 18 à 20 grains, soit un tari environ par caffisso.

Les huiles d'olive, en Angleterre, sont exemptes de droits; les frais sont évalués de 7 à 10 schellings par tonne.

Il faut tenir compte du fret, de l'assurance, des censeries et de la commission.

HUILES D'OLIVE. — PALERME ET ANGLETERRE.

CHANGES

Onces et tari. le cantaro.	53	53 1/2	54	54 1/2	55	55 1/2	56	56 1/2	57	57 1/2	58	58 1/2	59	59 1/2	60	60 1/2
	liv. sterl. la tonne.	liv. sterl. la tonne.	liv. sterl. la tonne.	liv. sterl. la tonne.	liv. sterl. la tonne.	liv. sterl. la tonne.	liv. sterl. la tonne.	liv. sterl. la tonne.	liv. sterl. la tonne.	liv. sterl. la tonne.	liv. sterl. la tonne.	liv. sterl. la tonne.	liv. sterl. la tonne.	liv. sterl. la tonne.	liv. sterl. la tonne.	liv. sterl. la tonne.
4	22.07	21.86	21.66	21.46	21.27	21.08	20.89	20.70	20.52	20.34	20.17	20 »	19.83	19.66	19.50	19.33
4.05	22.99	22.78	22.56	22.36	22.15	21.95	21.76	21.57	21.38	21.19	21.01	20.83	20.65	20.48	20.31	20.14
4.10	23.91	23.69	23.47	23.25	23.04	22.83	22.63	22.43	22.23	22.04	21.85	21.66	21.47	21.30	21.12	20.95
4.15	24.83	24.60	24.37	24.15	23.93	23.71	23.50	23.29	23.09	22.89	22.69	22.50	22.30	22.12	21.93	21.75
4.20	25.75	25.51	25.27	25.04	24.81	24.59	24.37	24.15	23.94	23.73	23.53	23.33	23.13	22.94	22.75	22.56
4.25	26.67	26.42	26.18	25.93	25.70	25.47	25.24	25.02	24.80	24.58	24.37	24.16	23.95	23.76	23.56	23.36
5	27.59	27.33	27.08	26.83	26.59	26.35	26.11	25.88	25.65	25.43	25.21	25 »	24.78	24.57	24.37	24.17
5.05	28.51	28.24	27.98	27.72	27.47	27.22	26.98	26.74	26.51	26.28	26.05	25.83	25.60	25.39	25.18	24.97
5.10	29.43	29.15	28.88	28.62	28.36	28.10	27.85	27.61	27.36	27.13	26.89	26.66	26.43	26.21	26 »	25.78
5.15	30.35	30.06	29.79	29.51	29.24	28.98	28.72	28.47	28.22	27.97	27.73	27.50	27.26	27.03	26.81	26.59
5.20	31.27	30.98	30.69	30.41	30.13	29.86	29.59	29.33	29.07	28.82	28.57	28.33	28.08	27.85	27.62	27.39
5.25	32.19	31.89	31.59	31.30	31.02	30.74	30.46	30.19	29.93	29.67	29.41	29.16	28.91	28.67	28.43	28.20
6	33.11	32.80	32.49	32.20	31.90	31.62	31.33	31.06	30.78	30.52	30.25	30 »	29.74	29.49	29.25	29 »
6.05	34.03	33.71	33.40	33.09	32.79	32.49	32.20	31.92	31.64	31.36	31.09	30.83	30.56	30.31	30.06	29.81
6.10	34.95	34.62	34.30	33.98	33.68	33.37	33.07	32.78	32.49	32.21	31.93	31.66	31.39	31.13	30.87	30.62
6.15	35.87	35.53	35.20	34.88	34.56	34.25	33.95	33.64	33.35	33.06	32.77	32.50	32.21	31.95	31.68	31.42
6.20	36.79	36.44	36.10	35.77	35.45	35.13	34.82	34.51	34.20	33.91	33.62	33.33	33.04	32.77	32.50	32.23
6.25	37.71	37.35	37.01	36.67	36.33	36.01	35.69	35.37	35.06	34.76	34.46	34.16	33.87	33.59	33.31	33.03
7	38.63	38.27	37.91	37.56	37.22	36.89	36.56	36.23	35.91	35.60	35.30	35 »	34.69	34.41	34.12	33.84
7.05	39.55	39.18	38.81	38.46	38.11	37.76	37.43	37.10	36.77	36.45	36.14	35.83	35.52	35.23	34.93	34.64
7.10	40.47	40.09	39.71	39.35	38.99	38.64	38.30	37.96	37.63	37.30	36.98	36.66	36.35	36.04	35.75	35.45
7.15	41.39	41 »	40.62	40.25	39.88	39.52	39.17	38.82	38.48	38.15	37.82	37.50	37.17	36.86	36.56	36.25
7.20	42.31	41.91	41.52	41.14	40.77	40.40	40.04	39.68	39.34	38.99	38.66	38.33	38 »	37.68	37.37	37.06
7.25	43.23	42.82	42.42	42.03	41.65	41.28	40.91	40.55	40.19	39.84	39.50	39.16	38.82	38.50	38.18	37.86
8	44.15	43.73	43.32	42.93	42.54	42.16	41.78	41.41	41.05	40.69	40.34	40 »	39.66	39.32	39 »	38.67
8.05	45.07	44.64	44.23	43.82	43.43	43.03	42.65	42.27	41.90	41.54	41.18	40.83	40.48	40.14	39.81	39.48
8.10	45.99	45.56	45.13	44.72	44.31	43.91	43.52	43.14	42.76	42.39	42.02	41.66	41.30	40.96	40.62	40.28
8.15	46.90	46.47	46.03	45.61	45.20	44.79	44.39	44 »	43.64	43.23	42.86	42.50	42.13	41.78	41.43	41.09
8.20	47.82	47.38	46.93	46.51	46.08	45.67	45.26	44.86	44.47	44.08	43.70	43.33	42.96	42.60	42.25	41.89
8.25	48.74	48.29	47.84	47.40	46.97	46.55	46.13	45.72	45.32	44.93	44.54	44.16	43.78	43.42	43.06	42.70
9	49.66	49.20	48.74	48.30	47.86	47.43	47 »	46.59	46.18	45.78	45.38	45 »	44.61	44.24	43.87	43.51

OBSERVATIONS.

Changes — tari 53 à 60 1/2 = une livre sterling.

BASES DES CALCULS.

Cantara 13 = 1 tonne anglaise.

Sous le rapport rigoureux du poids, cantara 128 1/4 devraient rendre une tonne anglaise, mais il y a toujours un manquant à calculer pour le coulage. Nous nous sommes basé sur le rapport de cantara 13 = 1 tonne, comme renment ordinaire.

Ces comptes, comme tous les autres, sont établis de prix à prix pour les rendre invariables. La livre sterling se divise en 20 schellings; nous l'avons divisée en centièmes.

1 cantaro : once 3 : : cant. 13 : X = onces 39.

1 once : 30 tari : : onces 39 : X = tari 1170.

tari. 53 : 1 livre sterl. : : tari. 1170 : X = liv. sterl. 22.07.

Droit de sortie et frais à Palerme, onces.................. 0.367.

Pour d'autres détails, voir les tables pages 43, 44 et 46.

CHANGES

PRIX réaux de V. l'arrobe.	5,20 francs l'hectolitre.	5,25 francs l'hectolitre.	5,30 francs l'hectolitre.	5,35 francs l'hectolitre.	5,40 francs l'hectolitre.	5,45 francs l'hectolitre.	5,50 francs l'hectolitre.	5,55 francs l'hectolitre.	5,60 francs l'hectolitre.	5,65 francs l'hectolitre.	5,70 francs l'hectolitre.	5,75 francs l'hectolitre.	5,80 francs l'hectolitre.	5,85 francs l'hectolitre.	5,90 francs l'hectolitre.	5,95 francs l'hectolitre.
25	55.85	56.39	56.93	57.47	58 »	58.54	59.08	59.61	60.45	60.69	61.23	61.76	62.30	62.84	63.37	63.91
26	58.09	58.65	59.21	59.76	60.32	60.88	61.44	62 »	62.56	63.12	63.67	64.23	64.79	65.35	65.91	66.47
27	60.32	60.90	61.48	62.06	62.64	63.22	63.80	64.38	64.96	65.54	66.12	66.70	67.28	67.86	68.44	69.02
28	62.56	63.16	63.76	64.36	64.96	65.56	66.17	66.77	67.37	67.97	68.57	69.17	69.78	70.38	70.98	71.58
29	64.79	65.41	66.04	66.66	67.28	67.91	68.53	69.15	69.78	70.40	71.02	71.64	72.27	72.89	73.51	74.14
30	67.03	67.67	68.31	68.96	69.60	70.25	70.89	71.54	72.18	72.83	73.47	74.12	74.76	75.40	76.05	76.69
31	69.26	69.93	70.59	71.26	71.92	72.59	73.26	73.92	74.59	75.25	75.92	76.59	77.25	77.92	78.58	79.25
32	71.49	72.18	72.87	73.56	74.24	74.93	75.62	76.31	76.99	77.68	78.37	79.06	79.74	80.43	81.12	81.81
33	73.73	74.44	75.15	75.86	76.57	77.27	77.98	78.69	79.40	80.11	80.82	81.53	82.24	82.95	83.65	84.36
34	75.96	76.69	77.42	78.45	78.89	79.62	80.35	81.08	81.81	82.54	83.27	84 »	84.73	85.46	86.19	86.92
35	78.20	78.95	79.70	80.45	81.21	81.96	82.71	83.46	84.21	84.97	85.72	86.47	87.22	87.97	88.72	89.48
36	80.43	81.21	81.98	82.75	83.53	84.30	85.07	85.85	86.62	87.39	88.17	88.94	89.71	90.49	91.26	92.03
37	82.67	83.46	84.26	85.05	85.85	86.64	87.44	88.23	89.03	89.82	90.62	91.41	92.20	93 »	93.79	94.59
38	84.90	85.72	86.53	87.35	88.17	88.98	89.80	90.62	91.43	92.25	93.06	93.88	94.70	95.51	96.33	97.15
39	87.13	87.97	88.81	89.65	90.49	91.32	92.16	93 »	93.84	94.68	95.51	96.35	97.19	98.03	98.87	99.70
40	89.37	90.23	91.09	91.95	92.81	93.67	94.52	95.38	96.24	97.10	97.96	98.82	99.68	100.54	101.40	102.26
41	91.60	92.48	93.37	94.25	95.13	96.01	96.89	97.77	98.65	99.53	100.41	101.29	102.17	103.05	103.94	104.82
42	93.84	94.74	95.64	96.55	97.45	98.35	99.25	100.15	101.06	101.96	102.86	103.76	104.67	105.57	106.47	107.37
43	96.07	97 »	97.92	98.84	99.77	100.69	101.61	102.54	103.46	104.39	105.31	106.23	107.16	108.08	109.01	109.93
44	98.31	99.25	100.20	101.14	102.09	103.03	103.98	104.92	105.87	106.81	107.76	108.70	109.65	110.59	111.54	112.49
45	100.54	101.51	102.47	103.44	104.41	105.37	106.34	107.31	108.28	109.24	110.21	111.17	112.14	113.11	114.08	115.04
46	102.78	103.76	104.75	105.74	106.73	107.72	108.70	109.69	110.68	111.67	112.66	113.64	114.63	115.62	116.61	117.60
47	105.01	106.02	107.03	107.04	109.05	110.06	111.07	112.08	113.09	114.40	115.11	116.42	117.13	118.14	119.45	120.16
48	107.24	108.27	109.31	110.34	111.37	112.40	113.43	114.46	115.49	116.53	117.56	118.59	119.62	120.65	121.68	122.71
49	109.48	110.53	111.58	112.64	113.69	114.74	115.79	116.85	117.90	118.95	120.01	121.06	122.11	123.16	124.22	125.27
50	111.71	112.79	113.86	114.94	116.01	117.08	118.16	119.23	120.31	121.38	122.46	123.53	124.60	125.68	126.75	127.83
51	113.95	115.04	116.14	117.23	118.33	119.42	120.52	121.62	122.71	123.84	124.90	126 »	127.09	128.19	129.29	130.38
52	116.48	117.30	118.42	119.53	120.65	121.77	122.88	124 »	125.12	126.24	127.35	128.47	129.59	130.70	131.82	132.94
53	118.42	119.55	120.69	121.83	122.97	124.11	125.25	126.39	127.52	128.66	129.80	130.94	132.08	133.22	134.36	135.50
54	120.65	121.81	122.97	124.13	125.29	126.45	127.61	128.77	129.93	131.09	132.25	133.44	134.57	135.73	136.89	138.05
55	122.89	124.07	125.25	126.43	127.61	128.79	129.97	131.16	132.34	133.52	134.70	135.88	137.06	138.25	139.43	140.61

OBSERVATIONS.

Changes — fr. 5.20 à 5.95 = à 1 piastre forte, soit à 20 réaux de veillon.

BASES DES CALCULS.

Arrobes 5 1/2 = 1 millerolle de 64 litres, rendement moyen.
1 hectolitre = arrobes 8.59375.

1 arrobe : réaux 25 : : arr. 8.59375 :
X = réaux 214.84.
20 réaux : fr. 5.20 : : réaux 214.84 :
X = fr. 55.85.

Tous ces comptes sont établis de prix à prix. Nous laissons les droits et les frais à l'intelligence de nos lecteurs, qui peuvent consulter, au besoin, le *Manuel*. Voici, du reste, un aperçu des frais :

L'huile d'olive, en Espagne, n'est assujettie à aucun droit de sortie. Les frais divers, de transport et d'embarquement, s'élèvent de 17 à 20 maravedis, c'est-à-dire, 1/2 réal environ par chaque arrobe, plus censérie 1/2 % et commission 2 %, ce qui en total revient à Rv 1 1/4 à 1 1/2.

Les futailles et la location des futailles sont très-chères en Espagne : il conviendra toujours mieux de les prendre en France.

Pour les droits et frais en France, voir les tables pages 26 et 42.

Il ne faut pas oublier le fret, l'assurance, la censerie et la commission.

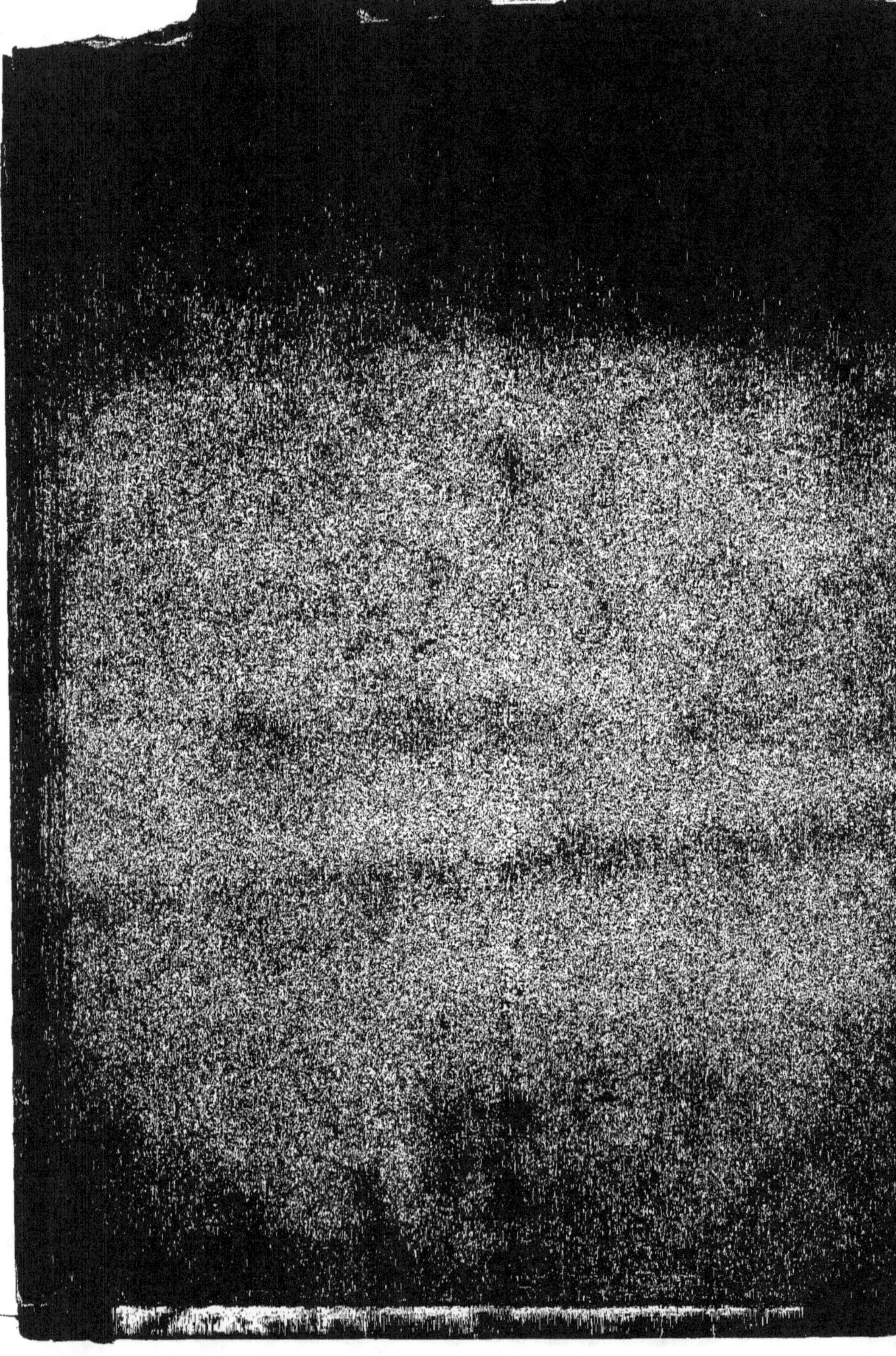